I0224989

Tommy Emmanuels

MEILENSTEINEDER
FINGERSTYLE-GITARRE

Meistere den Fingerstyle mit dem Gitarrenvirtuosen Tommy Emmanuel, CGP

TOMMY**EMMANUEL**

TRUEFIRE

FUNDAMENTAL**CHANGES**

Tommy Emmanuels Meilensteine der Fingerstyle-Gitarre

Meistere den Fingerstyle mit dem Gitarrenvirtuosen Tommy Emmanuel, CGP

ISBN: 978-1-78933-359-6

Veröffentlicht von **www.fundamental-changes.com**

Urheberrecht © 2021 TrueFire LLC

Herausgegeben von Joseph Alexander & Tim Pettingale

Übersetzung: Daniel Friedrich

Das moralische Recht dieses Autors wurde geltend gemacht.

Alle Rechte vorbehalten. Kein Teil dieser Publikation darf ohne vorherige schriftliche Genehmigung des Herausgebers in irgendeiner Form oder mit irgendwelchen Mitteln vervielfältigt, in einem Abfragesystem gespeichert oder übertragen werden.

Der Herausgeber ist nicht verantwortlich für Websites (oder deren Inhalt), die nicht im Besitz des Herausgebers sind.

Über 13.000 Fans auf Facebook: **FundamentalChangesInGuitar**

Instagram: **FundamentalChanges**

Über 350 kostenlose Gitarrenlektionen mit Videos findest du unter

www.fundamental-changes.com

Titelbild Copyright: Tommy Emmanuel, Verwendung mit Genehmigung.

Besonderer Dank geht an Levi Clay für die Transkription und Notation.

Inhalt

Über den Autor

Tommy Emmanuel ist ein virtuoser Gitarrist, Komponist, Pädagoge und musikalischer Innovator, dessen Karriere sich bereits über vier Jahrzehnte erstreckt. Er hat viele preisgekrönte Alben veröffentlicht und sich in der Branche weithin Respekt und Anerkennung verschafft.

Tommy hat bei der Wahl zum besten Akustikgitarristen der Fachzeitschriften *Guitar Player* und *Music Radar* den ersten Platz belegt. In zwei aufeinanderfolgenden Jahren wurde er vom *Rolling Stone* Magazine (Australien) zum „Most Popular Guitarist" gewählt. Er hat vier Platin- und Gold-Alben, zwei aufeinanderfolgende „Golden Guitar"-Auszeichnungen (2006, 2007) bei den CMAA Awards in Australien und zwei Aria Awards (Australiens Grammys) gewonnen. Tommy trat zusammen mit seinem Bruder Phil bei der Abschlusszeremonie der Olympischen Spiele 2000 in Sydney auf, die von über 2 Milliarden Menschen auf der ganzen Welt gesehen wurde.

Im Juli 1999, auf der 15. Annual Chet Atkins Appreciation Society Convention, wurde Tommy von Chet Atkins sein Certified Guitar Player Award (CGP) verliehen - eine Ehre, die er nur vier Gitarristen zukommen ließ. Chet sagte: „Er ist einer der besten Gitarristen, die ich je gesehen habe". Tommy tritt jedes Jahr im Juli bei der Chet Atkins Appreciation Society (CAAS) in Nashville auf.

Der zweifach für den Grammy nominierte Tommy ist bekannt für seine „Ein-Mann-Band"-Gitarrentechnik, bei der er Bass, Akkorde, Melodie und rhythmische perkussive Elemente miteinander verbindet. Seine Begabung hat ihm viele Auszeichnungen in der Gitarrenwelt und in seinem Heimatland Australien eingebracht, wo er zum „Member of the Order of Australia" ernannt wurde - eine Ehre, die ihm von Königin Elisabeth II. verliehen wurde.

Weitere Informationen findest du unter: **http://tommyemmanuel.com/about/**

Hol dir das Video

Verbessere deine Lernerfahrung!

Danke, dass du dieses Buch gekauft hast. Um die Lernerfahrung auf das nächste Level zu bringen, freuen wir uns, unseren Lesern ein Sonderangebot für die interaktive Videoversion von *Tommy Emmanuel's Fingerstyle Milestones* zu machen, auf der dieses Buch basiert.

In der Videoversion präsentiert Tommy mehr als 2 Stunden Videokurse mit verschiedenen Blickwinkeln, Performances und detaillierten Analysen. Zu den Perspektiven gehören Weitwinkel, rechte Hand, linke Hand und kombinierte Ansichten. Nahaufnahmen der Greif- und Spielhand sorgen dafür, dass du die wichtigsten Techniken schnell erlernen und die Geheimnisse des polyphonen Gitarrenspiels – im Stil von Tommy – lüften wirst.

Tommy nutzt zudem die interaktiven Lerntools von TrueFire, um alles, was du brauchst, direkt zur Hand zu haben: Ein interaktiver Videoplayer mit mehreren Blickwinkeln bietet eine Loop-Funktion, Zoom, Video-Tab-Synchronisation, Guitar Pro-Dateien und andere praktische Lerntools und Funktionen.

Für das komplette Lernerlebnis, besuche **https://truefire.com/fundamental** und verwende den CODE: THRILLSEEKER, um dich für ein kostenloses Konto anzumelden, oder scanne den QR-Code unten:

Sobald dein Konto erstellt ist, hast du Zugriff auf das Sonderangebot zum Kauf und Download des gesamten Videokurses.

Einführung

Liebe Thrill Seekers!

Ich freue mich riesig darauf, dich auf eine Reise mitzunehmen und dir die Grundlagen der Fingerstyle-Gitarre beizubringen - auf *meine Art* - von Grund auf. Es erwartet dich ein großartiges Abenteuer, also schnapp dir deine Gitarre und schnall dich an. Diese Reise könnte dein Leben verändern!

Im Laufe meiner Karriere habe ich Tausende von Gitarristen aller Niveaus getroffen und unterrichtet. Meine wichtigste Erkenntnis war, dass es beim Spielen von großartigem Fingerstyle darauf ankommt, die Grundlagen so früh wie möglich richtig zu lernen. In diesem Buch bringe ich dir die grundlegenden Elemente der Fingerstyle-Gitarre bei und helfe dir, sie schnell zu nutzen, um mitreißende Musikstücke zu spielen.

Das Erlernen des Fingerstyle führt über eine Reihe von Meilensteinen und die wichtigsten davon sind die ersten, bei denen man lernt, den Daumen und die anderen Finger der Zupfhand unabhängig voneinander zu bewegen. Diese Hand ist der Motor, das Kraftwerk für alles, was du spielst. Wir werden einige Zeit damit verbringen, die Kontrolle und Unabhängigkeit zwischen Daumen und den anderen Fingern aufzubauen. Wenn das einmal geschafft ist, wird alles andere viel einfacher.

Es gibt eine rhythmische Logik der Zupfhandtechnik, die sich durch alle Fingerstyle-Gitarrenmusik zieht, egal wie komplex sie ist. Egal, ob du wie Merle Haggard, Chet Atkins oder Jerry Reed, oder ob du Folk, Klassik oder Bluegrass spielen möchtest, die Zupftechnik ist der Motor der Musik. Wenn man sie einmal beherrscht, kann man sie auf jeden beliebigen Musikstil anwenden.

Was du in diesem Buch *nicht* finden wirst, sind Hunderte von langweiligen technischen Übungen. Ich glaube an die Entwicklung einer guten Technik durch das Erlernen *echter* Musik. Jedes Beispiel in diesem Buch ist so konzipiert, dass es auf natürliche Weise zum Spielen von echten und spannenden Musikstücken führt, die dir Spaß und Freude bereiten werden. Ich zerlege die Stücke in ihre wichtigsten Bestandteile und zeige dir dann, wie du sie zusammensetzen kannst.

Jedes der Übungsstücke in diesem Buch wird in wesentliche Techniken, Konzepte, Etüden und musikalische Übungen aufgeschlüsselt, die sich auf magische Weise zu kompletten Songs zusammenfügen. Am Ende wirst du nicht nur ein enormes Erfolgserlebnis haben, sondern auch in der Lage sein, deine Freunde zu begeistern und zu beeindrucken!

Daumenkontrolle

Der erste Teil des Trainings der Zupfhand besteht darin, die Unabhängigkeit des Daumens zu entwickeln. Der Daumen erzeugt den bekannten „Boom Chick"-Rhythmus der Country-Musik und ist für all die wunderbaren Basslinien verantwortlich, die man von den Meistern des Fingerstyle hört. Oft verbringen Schüler nicht genug Zeit mit der Beherrschung des Daumens, weil sie gleich zu komplizierteren Ideen übergehen wollen. Das ist immer ein Fehler und einer der größten Stolpersteine auf dem Lernweg. Die Entwicklung der Daumenzupftechnik ist das Wichtigste, was man tun muss, bevor man voranschreitet.

Unabhängigkeit der Finger

Sobald du deinen Daumen unter Kontrolle hast, ist es an der Zeit, die anderen Finger der Zupfhand hinzuzunehmen. Zuerst werden wir gezupfte Akkorde auf dem Beat hinzufügen. Als Nächstes werden wir synkopische (Offbeat-) Ideen einführen. Das macht eine Menge Spaß und ist äußerst befriedigend. Wenn du deine Finger und deinen Daumen sicher kombinieren kannst, bist du nicht nur ein solider Fingerstyle-Spieler, sondern kannst auch andere Musiker begleiten und problemlos mit Sängern zusammenarbeiten. Ich habe viele kurze Etüden beigefügt, die dir helfen, diese Fähigkeiten in einer musikalischen Umgebung zu entwickeln.

Musik machen

Wenn du deine Zupfhand unabhängig gemacht hast, ist es an der Zeit, einige vollständige Songs zu spielen. Ich werde dir genau zeigen, wie ich neue Stücke lerne und sie musikalisch mache. Während wir die Musik erforschen, werden wir neue Techniken kennenlernen, die es dir ermöglichen, Melodien mit der Greifhand zu deinen Akkordfolgen hinzuzufügen, während du die Daumen- und Fingermuster spielst, die du zuvor entwickelt hast. Ich zeige dir, wie du Hammer-Ons und Pull-Offs hinzufügen kannst, um deine Arrangements zu verbessern und alles zu sinnvoller Musik zu kombinieren.

Die Techniken in diesem Abschnitt sind zwar etwas anspruchsvoller, werden aber in fast jedem Song verwendet, den du lernen wirst. Wenn du sie einmal beherrschst, hast du Zugang zu einer ganz neuen Welt von Möglichkeiten.

Hart arbeiten und Spaß haben

Ich habe diesen Kurs so konzipiert, dass er dir auf unterhaltsame, sympathische und befriedigende Weise helfen soll, die Fingerstyle-Gitarre in Angriff zu nehmen. Ich bin mir sicher, dass du viel Freude dabei haben wirst, aber du wirst auch üben müssen. Nichts im Leben gibt es umsonst. Als Gitarristen zahlen wir unser Lehrgeld im Übungsraum oder Holzschuppen. Ich werde dir im Laufe des Buches Tipps zum effektiven Üben geben.

Und schließlich...

Bevor wir beginnen, solltest du daran denken, dass das Erlernen des Fingerstyle-Gitarrenspiels ähnlich ist wie das Gehen, Sprechen oder Fangen eines Balls - es geht zu einem großen Teil darum, ein *Muskelgedächtnis* zu entwickeln, vor allem in der Zupfhand. Die Bewegung deiner Zupfhand muss allmählich unbewusst werden, deshalb musst du sie *langsam* und *präzise* programmieren. Wenn du dich sicher fühlst, beschleunige jede Übung/jeden Song nach und nach mit Hilfe eines Metronoms. Es gibt keine Abkürzungen, aber ich verspreche dir, dass sich die Ergebnisse lohnen werden.

OK, genug geplaudert! Beginnen wir mit einem Blick auf das Equipment, das du brauchst, um Fingerstyle-Gitarre zu spielen.

Viel Glück und viel Spaß.

Tommy

Hol dir das Audio

Die Audiodateien zu diesem Buch kannst du kostenlos von **www.fundamental-changes.com** herunterladen. Der Link befindet sich in der oberen rechten Ecke. Wähle einfach diesen Buchtitel aus dem Dropdown-Menü aus und folge den Anweisungen, um die Audiodateien zu erhalten.

Wir empfehlen dir, die Dateien direkt auf deinen Computer (nicht auf dein Tablet) herunterzuladen und sie dort zu extrahieren, bevor du sie zu deiner Mediathek hinzufügst. Du kannst sie dann auf dein Tablet oder deinen iPod laden oder auf CD brennen. Auf der Download-Seite gibt es ein Hilfe-PDF, und wir bieten auch technische Unterstützung über das Kontaktformular.

Über 350 kostenlose Gitarrenlektionen mit Videos findest du hier:

www.fundamental-changes.com

Über 13.000 Fans auf Facebook: **FundamentalChangesInGuitar**

Instagram: **FundamentalChanges**

Hol dir die Audiobeispiele jetzt kostenlos:

Dadurch wird das Buch lebendig, und du wirst noch viel mehr lernen!

www.fundamental-changes.com/download-audio

Kapitel Eins: Gitarren, Ausrüstung und innere Einstellung

„Fingerstyle-Gitarre" ist ein Sammelbegriff und es gibt viele verschiedene Arten, die jeweils die Verwendung eines anderen Gitarrentyps nahelegen. Klassische Gitarre ist eine Art von Fingerstyle, die im Allgemeinen ein bestimmtes Instrument erfordert. Bekannte Jazz-Fingerstyle-Spieler wie Martin Taylor bevorzugen in der Regel Archtop-Gitarren. Im Folk-Fingerstyle werden in der Regel Akustikgitarren mit Stahlsaiten verwendet. Hier haben Größen wie James Taylor und Don McLean ihre eigenen Spielweisen für diesen Stil entwickelt. Ein großer Teil der Country- und Bluegrass-Musik wird mit Fingerstyle gespielt. Berühmt wurde diese Musik durch Spieler wie Merle Haggard, Chet Atkins, Jerry Reed und andere, die sie auf ganz verschiedenen Arten von Gitarren spielten!

Die obigen Informationen und viele der Ratschläge, die du hören wirst, könnten den Eindruck erwecken, dass du eine bestimmte Art von Gitarre brauchst, um die Musik spielen zu können, die du in diesem Buch lernen wirst, aber lasse mich diesen Mythos gleich aus dem Weg räumen. Die *beste* Gitarre für dich ist die, auf der du gerne spielst. Diejenige, mit der du dich wohl fühlst, weil sie *genau richtig* ist. Es spielt keine Rolle, welcher Name auf der Kopfplatte steht, wo sie hergestellt wurde oder wie viel sie gekostet hat. Das Wichtigste ist, dass du sie liebst.

Dennoch möchte ich ein paar Dinge erwähnen.

Zunächst ist bei dieser Art von Musik ein technischer Aspekt zu beachten:

Oft verwenden Fingerstyle-Gitarristen den Daumen ihrer Greifhand, um über den Hals zu greifen und die Basstöne eines Akkords zu greifen. Dies ist eine gängige Technik, die auf einer akustischen Gitarre mit Stahlsaiten und einem relativ schmalen Hals einfacher zu spielen ist. Wenn du eine klassische Gitarre mit Nylonsaiten spielst, wirst du diese Technik aufgrund des breiteren Halses als schwieriger empfinden und möglicherweise eine wichtige Technik verpassen, die dir ein großes Fingerstyle-Repertoire eröffnen kann.

Heutzutage muss man jedoch kein Vermögen ausgeben, um eine gute Stahlsaitengitarre zu erwerben, und für jeden, der mit diesem Stil anfängt, ist es eine gute Investition. Selbst preisgünstige Instrumente anerkannter Marken werden nach hohen Standards gefertigt. Gitarren von bewährten Herstellern wie Fender, Yamaha, Gibson, Maton, Martin, Taylor und Ibanez sind eine gute Wahl. Wenn du es dir leisten kannst, ist es immer am besten, ein wenig mehr zu investieren, aber es ist keineswegs absolut notwendig.

Zweitens fragen mich die Leute immer wieder nach den Gitarren, Saiten, Plektren usw., die ich bevorzuge. Du musst meine Ausrüstung nicht kopieren, um den richtigen Sound zu bekommen, aber ich verwende Folgendes:

Gitarren

Heutzutage spiele ich Stahlsaiten-Akustikinstrumente, die in Australien (wie ich!) von einer wunderbaren Firma namens Maton hergestellt werden. Die Jungs von Maton waren so freundlich, mir meine eigene Signature-T.E.-Serie zu geben. T.E.-Gitarren passen wirklich gut zu mir, da sie sich großartig anfühlen und der Hals wunderbar und schlank ist.

Ein weiterer Grund, warum ich keine Nylonsaitengitarren benutze, ist, dass ich nicht mit meinen Nägeln spiele. Ich spiele mit der Hornhaut an meinen Fingern, die ich durch jahrelanges Fingerpicking aufgebaut habe. Manche Spieler lassen sich die Nägel wachsen, andere verwenden aufgeklebte Acrylnägel; aber da ich eine Kombination aus Daumenpick und Fingern benutze, finde ich, dass der Klang einer Stahlsaitengitarre für mich der richtige ist. Ich liebe diesen Twang einfach!

Daumenpicks

Es gibt viele verschiedene Arten von Daumenplektren, aber ich verwende am liebsten die dicken, stabilen Plastikplektren von Jim Dunlop. Viele Leute empfehlen Fred Kellie Daumenpicks, aber die sind mir ein bisschen zu weich. Du solltest ein paar verschiedene Typen ausprobieren und denjenigen finden, der für dich am besten funktioniert. Spiele ein paar Stücke damit in deinem Musikgeschäft und stelle sicher, dass es sich bequem anfühlt. Achte darauf, dass er nicht zu locker sitzt - er sollte nicht auf deinem Daumen herumrutschen. Aber auch wenn er eng am Daumen anliegen sollte, sollte er nicht so eng sein, dass er die Blutzirkulation unterbricht. Jerry Reed schrieb den Song *Blue Finger*, nachdem er ein zu enges Plektrum getragen hatte!

Ein weiterer Tipp: Das richtige Plektrum sollte nicht zu lang sein und bequem auf dem Daumen sitzen. Wenn du ein Plektrum findest, das die richtige Länge zu haben scheint, aber der Teil, der den Daumen umschließt, etwas locker ist, kannst du das Plektrum in heißes Wasser legen und es etwas umformen. Ein weiterer Trick besteht darin, das Plektrum mit Isolierband zu umwickeln, um es fester um den Finger zu legen.

Es gibt auch gute Gründe dafür, Fingerstyle ohne Daumenplektrum zu spielen, im Stil von Robert Johnson oder Eric Clapton, wenn sich das natürlicher anfühlt. Ohne Daumenplektrum benutzen diese Spieler ihren Daumen, um direkt durch die Saite zu drücken und ihrem Sound eine funky Note zu verleihen.

Wichtig ist, zu experimentieren. Wir Musiker sind alle unterschiedlich und haben verschiedene Vorlieben. Was für mich funktioniert, klingt für dich vielleicht nicht so gut - obwohl ich dir dringend empfehle, dich mit dem Daumenplektrum vertraut zu machen, denn es ist ein wichtiger Teil des authentischen Sounds.

In diesem Buch erkläre ich jedes Beispiel so, als ob du einen Daumenpick verwenden würdest, aber du kannst gerne Anpassungen vornehmen, wenn du keinen Daumenpick verwenden möchtest.

Stimmungen und Saitenstärken

Ich verwende eine relativ weiche Saitenstärke von 12-54, die von der Gitarrenfirma Martin hergestellt werden. Ich finde, dass sie eine gute Balance zwischen einer angenehmen Saitenlage (die Höhe der Saiten über dem Griffbrett) und genug Härte haben, um fest anzuschlagen und den Ton zu erzeugen, den ich hören möchte.

Die meisten meiner Songs sind in der Standard-Stimmung EADGBE auf der Gitarre geschrieben. Oft wird Fingerstyle-Gitarre mit alternativen Stimmungen wie DADGAD oder Open D Tuning in Verbindung gebracht. Ein paar meiner Songs sind in der Stimmung DGDGBE (Standardstimmung mit den tiefsten Saiten um einen Ton tiefer gestimmt) geschrieben. Das ist ein G6-Akkord mit einem D im Bass, eine Stimmung, den ich mir von Chet Atkins abgeschaut habe. Ich habe die Songs *The Tall Fiddler*, *The Cowboy's Dream* und *The Mystery* in dieser Stimmung geschrieben, weil ich sie so sehr liebe! Allerdings ist jedes Stück in diesem Buch in Standardstimmung geschrieben, so dass du dir vorerst keine Gedanken über andere Stimmungen machen musst.

Einstellung

Schließlich habe ich dieses Buch mit Blick auf drei wichtige Ziele für dich geschrieben:

1. Die Picking-Technik der Fingerstyle-Gitarre wirklich zu verstehen - und nicht nur zu verstehen, sondern auch zu *fühlen*.

2. Eine große Unabhängigkeit zwischen Daumen und den übrigen Fingern zu entwickeln und sie fast wie zwei separate Instrumente zu behandeln. Ich werde dir viele Übungen zeigen, die dir helfen, diese Fähigkeiten zu entwickeln.

3. Um dir ein paar Songs beizubringen. Das Erlernen kompletter Stücke ist so wichtig, weil es dir ein unglaubliches Erfolgserlebnis und Gefühl der Verbesserung gibt. Du hast etwas, was dich für deine Bemühungen belohnt und du kannst den Leuten zeigen, wie weit du gekommen bist. Es gibt nichts Besseres als Musik zu spielen, um die Seele zu erwärmen.

Versuche alles, was du in diesem Buch lernst, auswendig zu lernen, anstatt immer wieder auf die Notation zurückzugreifen. Es ist wichtig, sich den Stoff einzuprägen, damit du ihn mit Leidenschaft und Überzeugung vortragen kannst. Arbeite zu diesem Zweck jeweils an einem kleinen Abschnitt und wiederhole ihn, bis er gut sitzt und gehe dann zum nächsten kurzen Abschnitt über. Wiederhole den nächsten Abschnitt, bis du ihn ohne Anstrengung spielen kannst und verbinde ihn dann mit dem vorherigen Teil. Übe nun diese beiden Teile zusammen, bevor du zum nächsten übergehst, und so weiter. Mache die Wiederholungen zu deinem Freund! Du brauchst sie, um ein guter Musiker und exzellenter Techniker auf der Gitarre zu werden.

Letztendlich liegt es an dir, wie gut du auf der Fingerstyle-Gitarre werden willst. Das hängt einfach davon ab, wie engagiert du bist und wie viel Arbeit du bereit bist zu investieren. Ich spreche für mich und viele meiner Kollegen, wir lieben es nicht nur, wir sind davon *besessen*. Es ist unser Leben und unsere Leidenschaft. Ich hoffe, dass dieses Feuer auch in dir entfacht werden kann.

Wenn du dieses Buch beendet hast, sollte dein nächstes Ziel sein, großartige Songs zu finden, die du liebst. Nimm sie auseinander, analysiere sie und prägen dir ihre kleinsten Details ein. Dadurch lernst du nicht nur viel über die Musik selbst, sondern kannst dir auch ein wunderbares Repertoire aufbauen, das du mit anderen Musikern zusammen spielen kannst.

OK, ich denke, wir sind bereit! Du hast deine Gitarre, dein Plektrum die richtige Einstellung... lass uns loslegen!

Kapitel Zwei: Dekonstruktion des „Boom Chick"

In diesem Kapitel sehen wir uns an, wie wir Ziel Nummer eins erreichen können: zu verstehen, wie der Daumen im Fingerstyle funktioniert, und ihn dazu zu bringen, unabhängig von den anderen Fingern zu arbeiten. Das braucht Zeit, deshalb ist es wichtig, *langsam vorzugehen*. Du musst es von Anfang an richtig machen, damit du keine schlechten Gewohnheiten in dein Muskelgedächtnis einprogrammierst.

Wir beginnen mit einigen einfachen offenen Akkorden: E, A und B7.

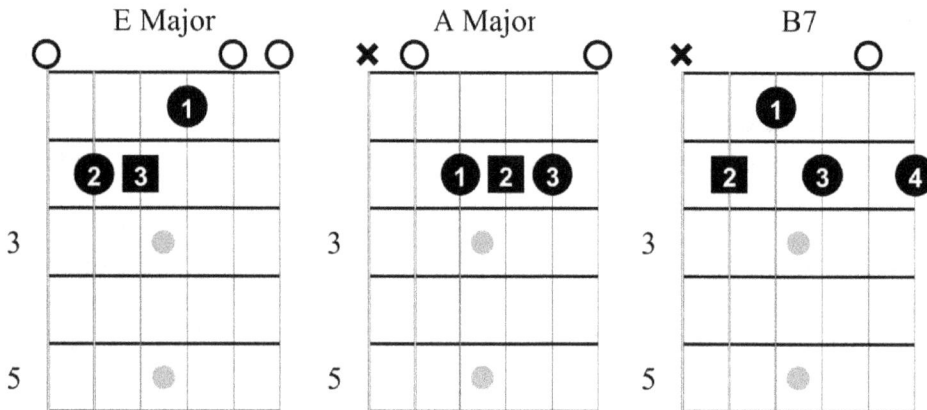

Bei meiner Art der Fingerstyle-Gitarre gibt es eine wichtige Regel, die man kennen muss:

Der Grundton des Akkords wird immer auf dem ersten Schlag des Takts gespielt.

Das bedeutet, dass du bei einem E-Akkord immer den E-Grundton auf dem ersten Schlag spielen wirst. Bei einem A-Akkord spielst du immer den A-Grundton auf dem ersten Schlag und so weiter.

Hier ist eine einfache Übung, die dir helfen wird, die gängigste Country-Fingerstyle-Akkordfolge nur mit Bassnoten zu spielen. Diese Übung hilft dir auch dabei, dich an die Verwendung des Daumenpicks zu gewöhnen. Halte den ganzen Akkord gegriffen, aber spiele nur die Bassnote.

Vergiss nicht, dass dieses Buch mit Audio kommt und es wirklich hilfreich ist, diese Übungen sowohl zu hören als auch zu visualisieren. Du kannst die Audiobeispiele unter **www.fundamental-changes.com** herunterladen.

Denke daran, dass du bei den folgenden Übungen *nur deinen Daumen* benutzt. Ich möchte, dass du alle anderen Finger auf dem Gitarrenkorpus unter den Saiten ruhen lässt. Ich betone das, weil es erstaunlich ist, wie viele Spieler immer ihre Finger in den Mix bringen wollen. Wenn ich Privatschüler unterrichte, kennt man mich dafür, dass ich ihre Finger mit Klebeband an die Gitarre klebe! Halte die Finger still und bewege nur den Daumen. Spiele die Saite mit dem Ende des Daumenplektrums, falls du eines verwendest und halte den Daumen gerade und parallel zu den Saiten.

Beispiel 2a

Das ist ein guter Anfang, aber lass uns dein Daumenpicking noch etwas weiterentwickeln. Im folgenden Beispiel möchte ich, dass du die drei tiefsten Saiten jedes Akkords im Rhythmus anschlägst. Jede Note wird auf einen Schlag gespielt. Stelle also ein Metronom auf 60 Schläge pro Minute (bpm) ein und spiele eine Note pro Klick mit einer Pause auf dem vierten Schlag. Wenn du Schwierigkeiten hast, schalte das Metronom aus, bis du den Dreh raus hast.

Beispiel 2b

Nachdem du nun die grundlegenden Picking-Bewegungen beherrschst, wollen wir nun ein wichtiges Picking-Muster lernen, das du in fast jedem Song verwenden wirst. Wir beginnen mit dem Bassmuster, das wir beim E-Dur-Akkord verwendet haben. Die Idee ist, den Grundton zuerst auf der 6. Saite zu spielen (denk an unsere Regel), dann die 4. Saite, dann die 5. Das klingt dann so:

Beispiel 2c

Wenn wir zum A-Dur-Akkord übergehen, ist die erste Note ein A, aber das Muster ist etwas anders.

Beispiel 2d

Zum Schluss kommt der B7-Akkord. Auch hier wird der B-Grundton auf dem ersten Schlag des Taktes gespielt, aber dieses Muster ist ein wenig komplizierter. Die Zupfhand spielt dasselbe Muster wie beim A-Dur-Akkord oben, aber du musst deinen zweiten Finger auf dem dritten Schlag vom zweiten Bund der fünften Saite zum zweiten Bund der sechsten Saite bewegen. Du beginnst in dieser Position:

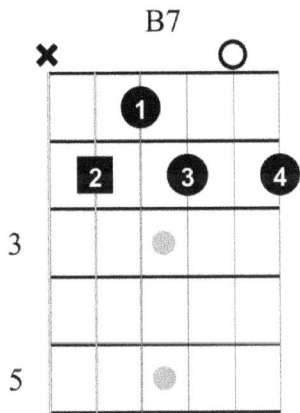

und wechselst dann zu dieser Position:

Spiele zum Audiobeispiel mit, um sicherzustellen, dass du es richtig machst.

Beispiel 2e

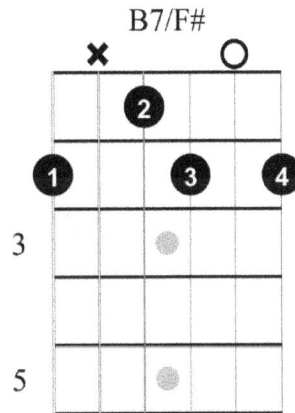

Wenn du jedes der drei Picking-Patterns beherrschst, kannst du damit beginnen, sie zu kurzen Musikstücken zu kombinieren. Beginne mit dem Übergang von E-Dur zu A-Dur.

Beispiel 2f

Kombiniere nun E-Dur und B7.

Beispiel 2g

Kombiniere schließlich alle drei Akkorde zu dieser typischen Progression.

Beispiel 2h

Bisher haben wir uns darauf konzentriert, jeweils nur eine Note zu spielen, aber um einen echten *Boom-Chick*-Sound zu erzeugen, wollen wir auch auf jedem zweiten Schlag ein paar Saiten spielen. Zu Beginn solltest du die folgenden Übungen genau so spielen, wie sie aufgeschrieben sind, aber im Laufe der Zeit möchtest du die Zupfhand vielleicht etwas lockerer spielen und bei den „Mini-Strums" (den kleinen Abschlägen) weniger genau sein.

Im folgenden Beispiel spielst du einen E-Akkord. Spiele die erste und dritte Zählzeit mit einem einzelnen Daumenanschlag, füge aber auf der zweiten und vierten Zählzeit eine zusätzliche Saite hinzu. Auf diese Weise entsteht der klassische Boom-Chick-Sound. Das Spielen der zusätzlichen Note hilft wirklich, den Akkord klingen zu lassen.

Der Daumen und der Winkel des Plektrums sollten parallel zu den Gitarrensaiten sein, um einen sauberen Klang zu erzeugen.

Beispiel 2i

Wiederhole diesen Vorgang mit den Akkorden A-Dur und B7, bevor du sie zu einer kurzen Sequenz zusammenfügst.

Beispiel 2j

Jetzt denkst du vielleicht: „Das klingt nicht ganz richtig - die Töne klingen zu sehr aus!" Und du hast Recht.

Palm Muting (Dämpfen)

Der nächste Schritt bei der Entwicklung unseres Boom-Chick-Rhythmus besteht darin, die Gitarrensaiten mit der Zupfhand leicht zu dämpfen. Lege dazu den Handballen deiner Spielhand sanft auf den Steg/Sattel der Gitarre, so dass er gerade die Saiten berührt. Du solltest in der Lage sein, das Picking-Pattern mit Leichtigkeit zu spielen, während du die Saiten abdämpfst. Hier ist noch einmal Beispiel 2j, aber dieses Mal mit Palm Muting (P.M.) gespielt. Probiere es zum Audiobeispiel aus.

Beispiel 2k

Ich bin sicher, dass du hören kannst, was für einen Unterschied das Dämpfen mit dem Handballen macht. Um deine Fähigkeit zu testen, Akkorde fließend zu wechseln, probiere die folgende Sequenz aus, bei der jeder Akkord nur einen Takt lang dauert. Stelle dein Metronom auf 60 bpm ein und erhöhe die Geschwindigkeit allmählich auf 120 bpm, während sich deine Fähigkeiten verbessern.

Beispiel 2l

Dies ist der Anfang des Fingerstyle-Gitarrenspiels. Das mit dem Handballen gedämpfte Basslinienmuster mit einem Mini-Strum ist die Grundlage für alles, was wir von nun an tun werden. Lerne diese Technik langsam und stelle sicher, dass du sie reibungslos spielen kannst, während du die Akkorde wechselst. Der Rhythmus ist sehr wichtig, denn du willst keine hässlichen Lücken in der Musik haben, wenn du die Akkorde wechselst.

Bevor wir dazu übergehen, den Boom-Chick-Rhythmus mit anderen Akkorden zu verwenden, möchte ich kurz darüber sprechen, wie ich meinen E-Dur-Akkord spiele. Zu Beginn dieses Kapitels habe ich dir ein Akkorddiagramm für E-Dur gegeben, das so aussah:

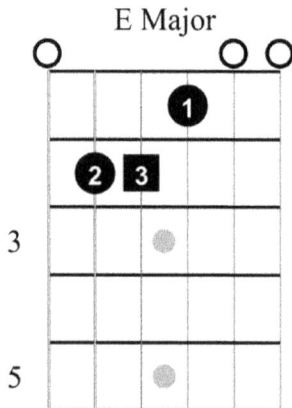

E Major

Normalerweise greife ich den E-Dur-Akkord jedoch nicht auf diese Weise. Stattdessen benutze ich meinen zweiten Finger, um tieferen beiden Noten wie folgt zu greifen:

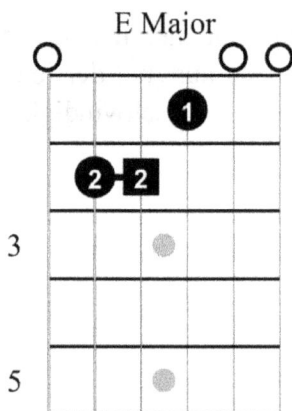

E Major

Nicht jeder kann das, aber ich spiele den Akkord auf diese Weise, um ein bisschen Energie zu sparen und meine anderen Finger frei zu haben, um später Melodienoten hinzuzufügen. Wenn du E-Dur mit meinem Fingersatz spielen kannst, nur zu. Wenn nicht, keine Sorge, viele Wege führen nach Rom!

Boom Chick mit anderen Akkorden

Wie du weißt, gibt es in der Musik mehr als drei Akkorde. Schauen wir uns also an, wie wir den Boom-Chick-Rhythmus mit einigen anderen gängigen Akkorden in offener Position spielen.

Erstens, C-Dur und G-Dur.

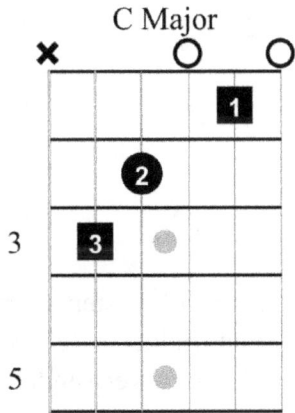

Es gibt mehrere Möglichkeiten, den G-Dur-Akkord zu spielen. Ich verwende beide der folgenden Fingersätze, aber am häufigsten verwende ich einen Barré-Akkord, zu dem wir später noch kommen.

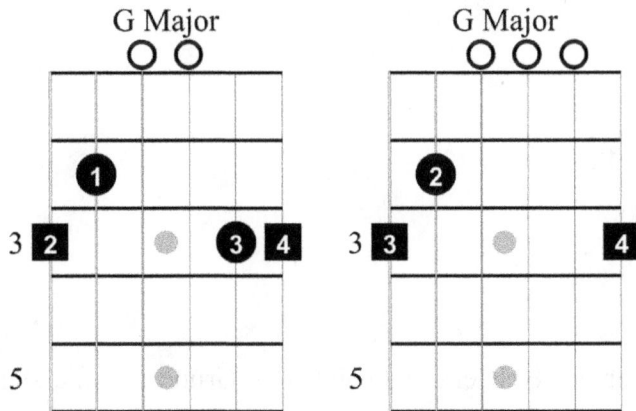

Bringen wir diese Akkorde nun in eine Progression. Um die Basslinie auf C-Dur beizubehalten, musst du den unteren Finger von der fünften auf die sechste Saite bewegen (genau wie beim B7-Akkord zuvor).

Beispiel 2m

Nun wollen wir F-Dur in den Mix einbringen. F-Dur ist einer der Akkorde, die vielen Gitarristen zum Verhängnis werden, denn es erfordert viel Mühe, ihn zu halten und sauber zu spielen. Die traditionelle Art, diesen Akkord zu spielen, besteht darin, den ersten Finger als Barré über den gesamten Hals zu verwenden, was besonders für Anfänger eine Herausforderung sein kann.

Um es einfacher zu machen, hake ich meinen Daumen oben am Hals ein und spiele den Grundton im ersten Bund wie folgt (durch das T für engl. *Thumb* gekennzeichnet).

F Major

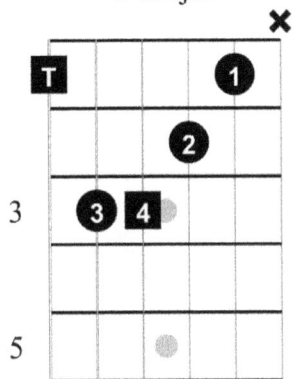

Wenn dir keine der beiden Möglichkeiten gefällt, gibt es noch eine dritte Möglichkeit. Du kannst den ersten Finger zum Spielen der Bassnote verwenden und nur die E-, A-, D- und G-Saiten spielen, so dass du den Barré nicht brauchst.

F Major

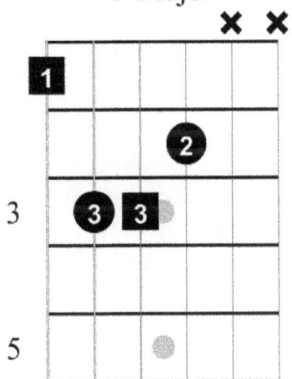

Wenn du dazu in der Lage bist, spiele es auf meine Art, indem du deinen Daumen über den Hals legst, um die Bassnote zu spielen, denn so bleiben die anderen Finger frei, wenn wir Melodienoten auf den oberen Saiten hinzufügen. Wenn du das nicht kannst, spielen es so, wie es für dich am angenehmsten ist.

Diese drei Arten, F-Dur zu spielen, sind allesamt *bewegliche Voicings*. Das bedeutet, dass sie den Gitarrenhals hinauf und hinunter geschoben werden können, um verschiedene Akkorde zu erzeugen. Wir werden uns diese Idee in Kürze genauer ansehen. Versuche zunächst diese kurze Etüde, die den F-Dur-Akkord enthält.

Beispiel 2n

Jetzt wollen wir lernen, wie man von G-Dur nach D-Dur wechselt.

Beispiel 2o

Manchmal benutzen Fingerstyle-Gitarristen ihren Daumen, um D-Dur mit der Note F# (der Terz) im Bass zu spielen. Das ist anfangs etwas knifflig zu greifen, aber es bedeutet, dass man das gleiche Boom-Chick-Muster für D-Dur und G-Dur verwenden kann.

Probiere es nun aus!

Beispiel 2p

Hier ist eine kurze Etüde, die die Akkorde G-Dur, C-Dur und D-Dur kombiniert. Probiere D-Dur mit und ohne Daumen, der um den Hals greift, um das F# im Bass zu spielen.

Beispiel 2q

Jetzt möchte ich ein wenig mehr über Barré-Akkorde sprechen. Oft spiele ich nicht die offene Position des G-Dur-Akkords. Stattdessen verwende ich einen Barré-Akkord und spiele mit dem Daumen die Bassnote. Probiere das nächste Beispiel mit diesem G-Dur-Fingersatz aus. Es braucht vielleicht etwas Übung, aber wenn du dir angewöhnst, die Bassnoten mit dem Daumen zu greifen, wird dir das später helfen.

Beispiel 2r

Es gibt noch zwei weitere Barré-Akkorde, die du lernen solltest. Wenn du sie kennst, wirst du in der Lage sein, fast jeden Country-Blues in jeder Tonart zu spielen. Der erste ist ein Barré-Akkord, dessen Grundton auf der fünften Saite gespielt wird. Benutze deinen kleinen Finger, um den Akkord am 5. Bund zu spielen.

Wie bei den meisten Akkorden mit einem Grundton auf der fünften Saite musst du die Bassnote zwischen der fünften und sechsten Saite wechseln, um den Boom-Chick-Rhythmus zu erzeugen. Du denkst vielleicht, dass du deinen ersten Finger durchgehend über der fünften und sechsten Saite halten solltest (als Barré), um Energie zu sparen, aber das ist nicht nötig! Du bekommst einen viel besseren Klang, wenn du den ersten Finger nur dann bewegst, wenn es notwendig ist. Probiere es jetzt aus.

Beispiel 2s

Versuche, dieses Muster den Hals hinauf zu bewegen, jeweils um zwei Bünde, während du das Bassmuster beibehältst, um dich an die Form zu gewöhnen.

Beispiel 2t

Der letzte zu lernende Barré-Akkord basiert auf dem offenen C-Dur-Akkord. Du solltest die Form erkennen. Eine Barré-Akkordversion der C-Dur-Form zu haben bedeutet, dass wir den Akkord auf dem Hals auf und ab bewegen und in jeder Tonart spielen können. Wir werden einen E-Dur-Akkord mit dieser Form spielen. Er wird wie folgt gegriffen:

E Major

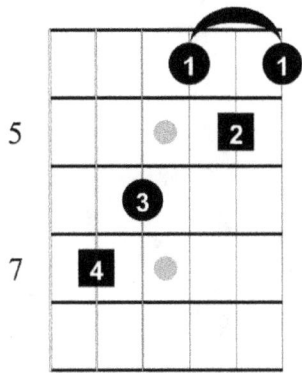

Um die Boom Chick Bassline zu spielen, musst du diesmal deinen kleinen Finger zwischen der fünften und sechsten Saite hin und her bewegen. Dies ist eine gute Übung zur Stärkung des kleinen Fingers!

Vergiss nicht, die Saiten mit deiner Zupfhand zu dämpfen, um den Boom-Chick-Rhythmus zu erzeugen.

Beispiel 2u

Jetzt ist es an der Zeit, drei Barré-Akkord-Voicings zu einer kurzen Sequenz zu kombinieren und zu lernen, wie man sich reibungslos zwischen ihnen bewegt und dabei den Boom-Chick-Rhythmus beibehält. Übe dieses Stück langsam, um dich an die neuen Formen zu gewöhnen. Lass uns dieses Stück nun in Ab spielen... bist du bereit?

Beispiel 2v

Wenn man den Dreh raus hat, sind diese Barré-Akkorde großartig. Sie öffnen den Hals und geben uns später viele Möglichkeiten, wenn wir anfangen, unseren Rhythmusparts eine Melodie hinzuzufügen.

Schließlich ist es wichtig zu wissen, dass es eine weitere Möglichkeit gibt, den Boom-Chick-Rhythmus in der Tonart E zu spielen, indem man ein Fragment des Barré-Akkords in C-Form verwendet, den du gerade gelernt hast.

In diesem Beispiel spielen wir die Sequenz E-Dur, A-Dur, B-Dur und E-Dur mit Barré-Akkorden durch, aber wir spielen die Basslinie auf eine etwas andere Weise.

Hier ist das Fragment des E-Dur-Dreiklangs, das du verwenden wirst. Lege den ersten Finger auf den 4. Bund.

E Major

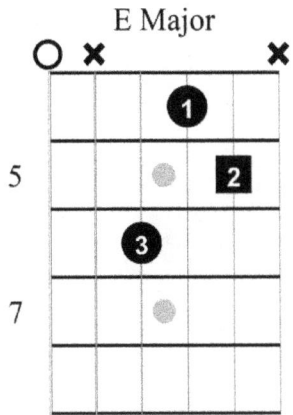

Dann spielen wir den A-Dur-Akkord mit offener A-Saite wie folgt:

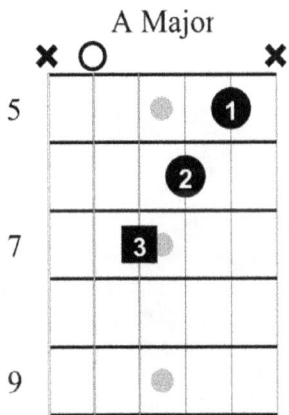

A Major

Und für den B-Dur-Akkord verwenden wir ein normales Barré mit Daumen im Bass

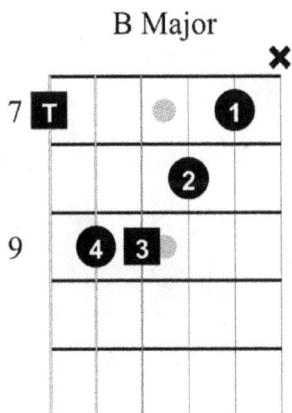

B Major

Beachte, wie ich meinen kleinen Finger benutze, um die Basslinie am 7. Bund auf der sechsten Saite des E-Akkords zu spielen. Beim A-Dur-Akkord spiele ich die Basslinie mit offenen Saiten, als ob es sich um ein normales Voicing in offener Lage handeln würde.

Beispiel 2w

Gut gemacht! Um so weit zu kommen, hast du schon eine Menge Fortschritte gemacht. Ich hoffe, du beginnst, das musikalische Potenzial dieses Stils zu erkennen und freust dich auf den weiteren Teil der Fingerstyle-Reise. Bevor wir weitermachen, probiere bitte noch eine Sache. Die meisten der Beispiele in diesem Kapitel wurden mit einem Akkord gespielt, der zwei Takte lang gehalten wurde. Gehe nun jedes Beispiel durch und spiele es erneut, aber diesmal mit nur einem Takt pro Akkord. Zum Beispiel, anstatt Beispiel 2j so zu spielen...

...möchte ich, dass du es so spielst:

Beispiel 2x

Mache erst weiter, wenn du alles in diesem Kapitel bequem spielen kannst und die Boom-Chick-Bewegung unbewusst abläuft.

In diesem ersten Abschnitt gab es viele Übungen, aber ich habe mein Bestes getan, um sie alle musikalisch und nützlich zu gestalten. Ich bin mir sicher, dass du viele Akkordfolgen gehört hast, die du aus bekannten Songs kennst und nun bereit bist, ihnen ein bisschen mehr Rhythmus zu verleihen. Im nächsten Kapitel werden wir die Unabhängigkeit zwischen deinem Daumen und den übrigen Fingern entwickeln, um dir genau dabei zu helfen.

Kapitel Drei: Die weiteren Finger hinzufügen

Jetzt, wo der Daumen hervorragend funktioniert, ist es an der Zeit, die weiteren Finger vom Gitarrenkorpus zu lösen und damit zu beginnen, die Unabhängigkeit zwischen Fingern und Daumen zu entwickeln.

Dieser Abschnitt ist vielleicht etwas komplizierter und herausfordernder, aber wenn du diese Ideen erst einmal in den Griff bekommen haben, wirst du eine Menge Spaß haben. Die Techniken in diesem Abschnitt sind das *Herzstück* eines guten Fingerstyles. Wenn du sie einmal in die Praxis umsetzt, werden sie dir nicht nur viel Freude bereiten, sondern dich auch zu einem großartigen Begleiter von Sängern und anderen Musikern machen.

Wenn ich Fingerstyle-Gitarre spiele, sind Zeige- und Mittelfinger der Zupfhand meine *primären* Melodiefinger. Wie Chet Atkins zu sagen pflegte: „Mit einem Daumen und zwei Fingern fing er an zu spielen", aber manchmal benutze ich auch den Ring- und den kleinen Finger, es gibt also keine festen Regeln. Das Wichtigste ist, dass sich die Melodie gut *anfühlt* und gut *klingt*.

Zu Beginn werden die meisten Übungen in diesem Abschnitt mit Daumen, Zeige- und Mittelfinger der Zupfhand gespielt.

Position der Zupfhand

Normalerweise positioniere ich meine Zupfhand so, dass sich der Ballen genau über dem Sattel der Gitarre befindet. So kann ich die Saiten dämpfen, um den soliden *Boom-Chick* Sound zu erreichen. In dieser Position reicht mein gestreckter Daumen gerade über das Schallloch und meine Picking-Finger befinden sich in einer natürlichen Position. Ich neige nicht dazu, Noten dort zu zupfen, wo das Griffbrett auf den Korpus trifft, wie es manche Spieler tun, weil ich diesen Sound nicht besonders mag.

Ich lege auch meinen kleinen Finger am Gitarrenkorpus auf, um meine Hand zu stützen und mir zu helfen, meine Finger in die richtige Position zu bringen. Die Leute lieben es, mit mir über das Aufstützen des kleinen Fingers zu streiten, aber ich weiß, dass es funktioniert! Letztendlich wirst du immer deinen eigenen Weg finden, aber ich bitte dich, es eine Zeit lang auf meine Art zu versuchen. Der kleine Finger hält wirklich alles fest im Griff.

Hier ist ein Bild meiner Hand während ich ein Stück spiele, damit du die Position sehen kannst. Beachte, dass mein Daumen gerade ist, mein kleiner Finger aufgestützt ist und meine Melodiefinger schön entspannt sind.

Es kann eine Weile dauern, bis du dich in dieser Position wohl fühlst, aber behalte sie bei den folgenden Übungen bei.

Entwicklung der Unabhängigkeit von Fingern und Daumen

Nachdem du deine Hand in die richtige Position gebracht hast, folgt nun eine Übung, die dir helfen wird, ein erstes Stück Unabhängigkeit zu entwickeln. Frischen dein Gedächtnis mit dem Picking-Muster auf, das du in Beispiel 2c gespielt hast. Hier ist es noch einmal, damit du nicht zurückblättern musst:

Wir werden dieses Bassmuster mit einem klingenden Akkord kombinieren, der auf dem ersten Schlag des Takts gespielt wird. Um diesen Akkord zu spielen, greife mit Zeige-, Mittel- und Ringfinger die oberen drei Saiten.

Beispiel 3a

Jetzt weißt du, was dein Daumen und deine Finger jeweils spielen und versuchst, sie zu kombinieren. Es sieht einfach aus, aber manchmal sind die Dinge schwieriger, als sie aussehen, also lass es langsam angehen!

Beispiel 3b

Versuchen wir nun genau das Gleiche, aber mit einem A-Dur-Akkord.

Beispiel 3c

Als Nächstes versuche es über B7. Vergiss nicht, dass diesmal der zweite Finger der Greifhand zwischen der fünften und sechsten Saite wandert, um die Boom-Chick-Bassline zu spielen.

Beispiel 3d

Der nächste Schritt besteht darin, die drei Akkorde zu einer kurzen Progression zu kombinieren. Natürlich geht hier mit den Akkordwechseln, den Basslines und den hinzugefügten Fingern eine Menge vor sich, so dass man leicht den Fokus und die Kontrolle über die Musik verlieren kann. Das Geheimnis besteht darin, so langsam zu beginnen, dass du die Akkordwechsel ohne rhythmische Lücken zwischen den Akkorden ausführen kannst. Alles muss flüssig und im Takt sein, ohne jegliche Verzögerung.

In diesem Stadium ist es wichtig, dass du dich als *Programmierer* des Muskelgedächtnisses deiner Zupfhand betrachtest. Wenn du langsam vorgehst, programmierst du deine Hand sauber und es wird dir leichter fallen, schneller zu werden und komplexere Ideen zu spielen. Wenn du jedoch versuchst zu rennen, bevor du gehen kannst, wirst du deine Hand ungenau programmieren und ziemlich schnell in Schwierigkeiten geraten.

Als ich jünger war, wurde mir der falsche Rat gegeben, dass es die Aufgabe des Schlagzeugers sei, den Takt zu halten, was bedeutete, dass der Rest der Band sich frei fühlte, ein schlechtes Timing zu haben! Es ist nicht die Aufgabe des Schlagzeugers, den Takt zu halten, es ist die Aufgabe *aller*, den Takt zu halten. Eines der besten Dinge, die ich je getan habe, war, mit einem Metronom zu arbeiten, und ich rate dir, das auch zu tun. Am Anfang fühlte ich mich dadurch gefangen und dachte, dass ich so nicht ordentlich grooven konnte, aber ich habe mich schnell daran gewöhnt und es hat mich befreit.

Gewöhne dir an, beim Üben ein Metronom zu benutzen, und mache dir *bewusst*, wie du über den Puls spielst. Es dauert eine Weile, bis man das Spielen im Takt beherrscht, aber es ist ein wesentlicher Bestandteil des musikalischen Arsenals.

Spiele die folgende Übung langsam und gleichmäßig durch. Vergewissere dich, dass du die Übung fünfmal ohne Fehler durchspielen kannst, bevor du versuchst, sie zu beschleunigen. Beginne mit einem Metronom, das auf 50 bpm eingestellt ist.

Beispiel 3e

Wenn du mit der vorangegangenen Übung etwas Selbstvertrauen entwickelt hast, versuche sie erneut, aber denke jetzt mehr über die Position deiner Zupfhand nach. Versuche, sie so über dem Sattel/Steg deiner Gitarre zu platzieren, dass die Basstöne leicht gedämpft sind und die gezupften Akkorde hell erklingen.

In der folgenden Übung lernst du, C-Dur, F-Dur und G-Dur mit Boom-Chick-Picking und den Akkorden auf dem ersten Schlag zu kombinieren. Verwende für F-Dur entweder ein volles Barré oder greife wie ich mit deinem Daumen über den Hals.

Beispiel 3f

Beginne auch hier langsam und vergewissere dich, dass jede Note korrekt ist, bevor du schneller wirst. Achte auf den Klang der Bassnoten. Sind sie gedämpft? Erklingen die hohen Töne sauber und deutlich?

Das nächste Beispiel kombiniert die Akkorde A-Dur, D-Dur und E-Dur.

Beispiel 3g

Du hast bereits gelernt, dass du D-Dur mit einem F# im Bass spielen kannst. Wiederhole das vorherige Beispiel und verwende den D/F#-Akkord anstelle von D-Dur.

Zum Schluss wollen wir folgende Ideen mit Barré-Akkorden ausprobieren. Experimentiere mit traditionellen Barré-Akkorden sowie mit meiner Technik, den Daumen über den Hals zu legen, um die Bassnoten zu spielen.

Beispiel 3h

In Beispiel 3i wird der Barré-Akkord in C-Form wieder eingeführt, um den E-Akkord zu spielen. Achte auf die Bassline, die zwischen 0 und 7 auf der tiefen E-Saite wechselt.

Beispiel 3i

Synkopierte Akkorde

Jetzt ist es an der Zeit, den Rhythmus des Akkordteils etwas interessanter zu gestalten, während der Boom-Chick-Basspart perfekt im Takt bleibt.

In der Musik zählen wir nicht nur „1 2 3 4", um im Takt zu bleiben, sondern wir teilen den Beat/Schlag oft in zwei Hälften und zählen „1 und 2 und 3 und 4 und...".

Die Ziffern werden in der gleichen Geschwindigkeit gezählt wie das erste „1 2 3 4" und die „unds" werden dazwischen geschoben.

Zuerst lernen wir den neuen Rhythmus. Du spielst einen Akkord mit drei Fingern auf dem ersten Schlag und auf der zweiten Hälfte des zweiten Schlags. Ich werde die Schläge, bei denen du die Saiten zupfen musst, fett markieren. Der Rhythmus geht so...

„**Eins** und zwei und drei **und** vier und **eins** und zwei und drei **und** vier und..."

Wenn du unsicher bist, höre dir die Audiospur an, die du von **www.fundamental-changes.com** herunterladen kannst, und kopiere den Sound.

Das Spielen von Akkorden oder Melodien auf dem *Offbeat* nennt man *Synkopierung*. Spiele anfangs mit einem Metronom, damit der Akkord auf den richtigen Zählzeiten erklingt.

Beispiel 3j

Jetzt können wir den Boom-Chick-Bass hinzufügen. Dies ist der Punkt, an dem wir wirklich beginnen, die Unabhängigkeit zwischen Fingern und Daumen aufzubauen und die Tür zu einem komplizierteren Fingerstyle-Gitarrenspiel aufzustoßen. Allerdings ist dies auch der Punkt, an dem die Dinge etwas schwieriger werden können.

Wichtig ist: Der gerade Boom-Chick-Rhythmus des Daumens muss *völlig unabhängig* von den synkopierten Akkorden der Finger erfolgen.

Es mag sich anfangs so anfühlen, als würdest du dir den Bauch reiben und gleichzeitig auf den Kopf klopfen, aber bitte bleibe am Ball. Wenn du diese Übung erst einmal gemeistert hast, wird alles leichter werden.

Dies ist eine der wichtigsten Übungen im ganzen Buch, also nimm dir Zeit und achte darauf, dass dein Spiel perfekt mit der Tonspur übereinstimmt.

Ein kurzes Wort der Warnung...

Was ich bei vielen meiner Schüler feststelle, ist die Tendenz, am Ende des Taktes einen zusätzlichen Akkord zu zupfen. Oft bemerken sie nicht einmal, dass sie das tun! Sei diszipliniert und achte darauf, dass du nur zwei Akkordschläge pro Takt spielst.

Beispiel 3k

Jetzt, wo du den Dreh raus hast, beginnen wir, den Rhythmus zwischen zwei Akkorden, E-Dur und A-Dur, zu verschieben.

Beispiel 3l

Bevor wir den B7-Akkord in die Sequenz einfügen, sollten wir ihn isoliert üben. Es ist eine der schwierigeren Synkopen, die zu meistern sind. Denke daran, dass du deinen zweiten Finger über die Saiten bewegen musst, um die alternierende Bassline in Gang zu halten, während du die Akkordschläge spielst.

Beispiel 3m

Wenn du B7 sicher beherrschst, füge ihn in die vollständige Progression ein.

Ich kann nicht genug betonen, wie wichtig es ist, diese Übungen langsam anzugehen. Stelle dir vor, du würdest einen Roboter programmieren. Es ist viel einfacher, es von Anfang an richtig zu machen, als die Bewegung wieder zu verlernen und die Hand später neu zu programmieren.

Beispiel 3n

Wenn du das vorangegangene Beispiel viermal hintereinander perfekt mit 60 bpm spielen kannst, kannst du die Geschwindigkeit des Metronoms nach und nach erhöhen.

Versuchen wir dieselbe Übung mit einigen weiteren Akkorden. Hier ist sie mit C-Dur, F-Dur und G-Dur.

Beispiel 3o

Versuche nun die gleiche Übung mit Barré-Akkorden.

Beispiel 3p

Wir haben bisher für alle Übungen ähnliche Akkordfolgen verwendet, daher hier noch ein paar weitere Akkorde, die du kennen solltest. Spiele sie mit den notierten alternierenden Basslines und verwende dabei sowohl das Ein-Akkord-pro-Takt-Muster als auch das synkopierte Akkordmuster.

Beispiel 3q

Beispiel 3r

Jetzt, da du einige weitere Akkordformen in deinem Arsenal hast, können wir diese Farben in längere musikalische Sequenzen einbauen. Spiele jede der folgenden drei Sequenzen, zunächst mit einem Akkord pro Takt und wenn du das sauber spielen kannst, gehe zum synkopierten Rhythmus über.

Beispiel 3s

Beispiel 3t

Beispiel 3u

Beispiel 3v

Das Spielen dieser Übungen mit dem Ein-Akkord-pro-Takt-Muster zwingt dich wirklich dazu, die Wechsel zu beschleunigen, und es trainiert beide Hände, viel besser zusammenzuarbeiten. Wende diese Methode auf alle Übungen in diesem Kapitel an.

Hier noch ein weiterer Ratschlag, den ich gerne weitergeben möchte: Das Wichtigste für mich, wenn ich diesen Musikstil spiele, ist, dass *sich* die Melodie gut *anfühlt* und gut *klingt*. Wenn ich einen Song lerne, arbeite ich ein Arrangement aus und übe es dann. Sobald ich es so weit geübt habe, dass meine Hände wissen, was sie tun, konzentriere ich mich darauf, dass sich die Melodie gut anfühlt. Manchmal, wenn ich eine Einzelnoten-Melodie mit dem Daumenpick spiele, drehe ich den Daumenpick in einem leichten Winkel, um verschiedene Dynamiken und Töne hervorzubringen. Kleine Anpassungen wie diese helfen dabei, eine Reihe von Klangfarben zu erzeugen und die stimmenartige Qualität des Instruments hervorzuheben.

In diesem Kapitel haben wir eine Menge Grundlagenarbeit geleistet, und jetzt bist du dran! Ich möchte, dass du diesen synkopischen Rhythmus auf jede beliebige Akkordfolge anwendest, die du kennst, egal in welcher Tonart. Du kannst jeden beliebigen Song auswählen und mit den Rhythmen aus diesem Kapitel spielen. Das Wichtigste ist, dass du an der Unabhängigkeit zwischen der Boom-Chick-Bassline und den Akkordschlägen arbeitest.

Kapitel Vier: Arpeggios und Fingerpicking

Im vorigen Kapitel hast du gelernt, wie man das Boom-Chick-Picking-Pattern mit gezupften Akkorden kombiniert, die sowohl auf dem Beat als auch synkopisch zu einer durchgehenden Bassline gespielt werden.

In diesem Abschnitt erfährst du, wie du die Unabhängigkeit deiner Zupffinger entwickeln und komplexere Melodien spielen kannst. Wir werden viel mehr Kontrolle zwischen deinen Fingern und deinem Daumen aufbauen.

Beginnen wir damit, deine Finger mit einigen Übungen zu trainieren, die die Muster, die du kennen musst, verinnerlichen werden.

Zunächst bringen wir deinen Fingern bei, die oberen drei Saiten des E-Dur-Akkords zu zupfen, während dein Daumen den Boom-Chick-Rhythmus auf den Basssaiten spielt.

Beginnen wir damit, den Melodieteil zu isolieren, bevor wir den Bass hinzufügen. Greife einen E-Dur-Akkord und spiele mit dem Zeigefinger die G-Saite, mit dem Mittelfinger die B-Saite und mit dem Ringfinger die hohe E-Saite.

Beispiel 4a

Wenn du den Dreh raus hast, fügen wir das Boom-Chick wieder hinzu. Dies ist eine wichtige Übung. Am Anfang wirst du vielleicht wie ein Anfänger herumtasten! Aber mach dir keine Sorgen, denn es geht allen so. Ich kann das nur so sauber machen, weil ich stundenlang daran gearbeitet habe.

Ich kann es nicht oft genug betonen - gehe langsam vor und achte darauf, dass jede Note korrekt ist. Versuche, die Melodie und den Bass als völlig getrennte Teile zu hören. Das wird dir helfen, sie zu isolieren und zu verinnerlichen.

Beispiel 4b

Es wird einige Zeit dauern, bis man das obige Beispiel beherrscht. Ich habe diese Übung einigen sehr versierten Gitarristen beigebracht, und sie sagten alle, es sei so, als hätten sie noch nie eine Gitarre in der Hand gehabt. Nach 15 Minuten konzentriertem Üben hatten sie die Übung jedoch im Griff und nach ein paar Stunden beherrschten sie sie schon recht gut.

Ich habe diese Übung so oft geübt, dass ich, wenn ich auf meine Zupfhand hinunterschaue, denke: „Oh! Was ist denn da los?!" Für mich sieht das verrückt aus, denn nach so vielen Stunden im Übungsraum ist das alles völlig unbewusst und passiert nach Gefühl.

Der Punkt ist, dass du geduldig und gewissenhaft sein musst, wenn du Erfolg haben willst.

Beginne die Übung ohne Metronom und achte anfangs nur darauf, dass jeder Anschlag korrekt ist. Wenn du es gleichmäßig spielen kannst, füge ein Metronom bei etwa 50 bpm hinzu und steigere die Geschwindigkeit allmählich auf 120 bpm.

Versuche dasselbe Muster mit einem A-Dur-Akkord.

Beispiel 4c

Vergewissere dich, dass du mit der vorherigen Übung vertraut bist, denn das Boom-Chick-Muster unterscheidet sich leicht vom E-Dur-Akkord.

Lerne nun, wie du diese Idee mit dem B7-Akkord spielen kannst. Vergiss nicht, dass der zweite Finger der Greifhand zwischen der fünften und sechsten Saite hin- und herbewegt werden muss, um für die Bassline zu sorgen. Das ist zwar etwas, womit du vielleicht schon vertraut warst, aber es mit dem gezupften Arpeggio auf den oberen drei Saiten zu spielen, ist eine ganz andere Sache.

Sobald es etwas komplizierter wird, ist es ratsam, die Notation genau zu studieren und sich die Zupfhand anzusehen. Achte darauf, welche Noten gleichzeitig gespielt werden. In der B7-Übung unten spielst du zum Beispiel auf Schlag drei die Bassnote im zweiten Bund auf der sechsten Saite, während du *gleichzeitig* die höchste Note anschlägst.

Wenn es dir gelingt, diese kleinen „Zielpunkte" anzuvisieren, wird dir die Koordination deiner Finger leichter fallen.

Beispiel 4d

Nachdem wir nun jeden der drei Akkorde einzeln durchgearbeitet haben, wollen wir sie nun zusammenfügen. Die folgende Etüde ist mit zwei Takten pro Akkord notiert, aber vielleicht finden du es nützlich, sie zu verdoppeln und anfangs vier Takte pro Akkord zu spielen, um die Muster zu verinnerlichen. Wenn du sicher darin bist, vier Takte pro Akkord zu spielen, kannst du die Übung wieder so spielen, wie sie aufgeschrieben ist.

Beispiel 4e

Der schwierigste Teil des vorherigen Beispiels ist definitiv der Akkordwechsel von B7 zurück nach E-Dur, und es ist allzu leicht, die Musik an dieser Stelle zum Stillstand kommen zu lassen. Lass uns diesen Wechsel isolieren und mit einem Metronom daran arbeiten.

Stelle dein Metronom auf 50 bpm und spiele das folgende Beispiel durch. Wenn du es nicht mit 50 bpm spielen kannst, verlangsame es, bis es keine rhythmische Pause mehr gibt, wenn du zwischen den beiden Akkorden wechselst. Wiederhole das folgende Beispiel viermal hintereinander, ohne eine Pause zu machen.

Beispiel 4f

Wenn du an Selbstvertrauen gewinnst und das Zupfen natürlicher wird, erhöhe die Geschwindigkeit des Metronoms um 8 bpm und spiele die Übung noch viermal durch. Wiederhole diesen Vorgang, bis du 120 bpm erreicht hast. Ja, es ist eine Menge Arbeit, aber wenn du es einmal richtig machst, hast du dein Muskelgedächtnis für immer programmiert.

Jetzt fügen wir einen kurzen *Double Time* Abschnitt zu B7 hinzu, um eine bessere Kontrolle über dein Spiel zu entwickeln. Stelle dein Metronom auf 60 bpm und spiele drei Takte lang normale 1/4-Noten, bevor du den vierten Takt mit 1/8-Noten spielst (doppelt so schnell). Führe diese Übung als Loop durch, wobei du jeden vierten Takt in Double Time spielst.

Dies ist eine großartige Übung, die du jederzeit anwenden kannst, wenn du Schwierigkeiten hast, dein Picking zu beschleunigen.

Beispiel 4g

Nun ist es an der Zeit, diese gezupften Arpeggio-Ideen auf Progressionen in verschiedenen Tonarten anzuwenden. Beginnen wir mit A-Dur.

Beispiel 4h

Versuche es jetzt in G-Dur.

Beispiel 4i

Schauen wir uns an, wie sich dieses Arpeggio-basierte Picking-Muster verändert, wenn du Barré-Akkorde spielst. Versuche es zunächst mit einem E-Dur-Akkord in C-Form.

Es gibt zwei Möglichkeiten, das Bassmuster zu spielen. Erstens kannst du die offene E-Saite verwenden, ohne den kleinen Finger zu bewegen.

Beispiel 4j

Die andere Möglichkeit besteht darin, den kleinen Finger über die Saiten zu bewegen, um den 7. Bund zu spielen, wie du es bereits getan hast.

Beispiel 4k

Die beiden obigen Beispiele klingen leicht verschieden und können nach eigenem Ermessen verwendet werden. Wähle anfangs eines aus und bleibe zunächst dabei.

Bewege nun den C-förmigen Barré-Akkord zum 5. Bund hinunter, um einen D-Dur-Akkord zu spielen. In dieser Position kannst du die offene fünfte Saite verwenden, um die letzte Bassnote im Boom-Chick-Rhythmus zu spielen und das Spielen der sechsten Saite ganz zu vermeiden.

Beispiel 4l

Um die vorangegangenen Ideen miteinander zu verbinden, versuche diese Progression in der Tonart G. Achte darauf, wo ich die Akkorde spiele.

Beispiel 4m

Puh! Das war ein kniffliges Beispiel, aber mit ein bisschen Geduld wirst du es sicher lernen.

Bevor wir weitermachen, wiederhole die vorherigen Beispiele und spiele sie alle mit nur einem Takt pro Akkord statt mit zwei. Das ist ein gutes Picking-Workout!

Wir halten nun den Boom-Chick-Rhythmus mit dem Daumen lebhaft und konstant und fügen einige schöne Arpeggio-Ideen mit den Picking-Fingern hinzu. Aber es gibt noch viel mehr, was man mit diesen Fingern machen kann. Nach all der Arbeit, die wir in diesem Kapitel geleistet haben, könnte die folgende Idee dein Gehirn ein wenig durcheinander bringen, aber gehe langsam vor und du wirst eine ganze Welt von Möglichkeiten entdecken.

Die Idee ist einfach: *Die Zupffinger spielen in umgekehrter Richtung.*

Anstatt die 3., 2. und 1. Saite zu zupfen, spielen wir die 1., 2. und 3. Das ist schwieriger, als es sich anhört, vor allem nach all der Programmierung, die du vorgenommen hast.

Als ich das lernte, konnte ich förmlich spüren, wie sich die Bahnen in meinem Gehirn entwickelten! Gehe langsam vor und achte auf die Stellen, an denen deine Finger und dein Daumen zusammenspielen. Sie helfen dir, Stabilität aufzubauen.

Beginnen wir mit dem E-Dur-Akkord.

Beispiel 4n

Ich werde nicht unnötig Platz verschwenden, indem ich das Picking-Muster für die gesamte Akkordfolge, an der wir gearbeitet haben, aufschreibe, denn du weißt inzwischen, wie es geht. Hier ist eine Zusammenfassung dessen, was du tun musst:

• Übe es auf den Akkorden A-Dur und B7

• Kombiniere sie dann mit E-Dur, um die Sequenz E-Dur - A-Dur - B7 - E-Dur zu bilden, die wir als Arbeitspferd benutzt haben

• Beginne mit zwei Takten pro Akkord, verbessere dann Tempo und Kontrolle, verlangsame dann das Tempo und gehe zu einem Takt pro Akkord über, bevor du das Tempo schrittweise erhöhst

• Wenn du mit der obigen Sequenz vertraut bist, spiele sie in den Tonarten A-Dur und C-Dur

• Zum Schluss verwendest du das Picking-Muster für die längeren Progressionen, die wir zuvor gespielt haben

Nun gibt es noch zwei weitere 1/4-Noten-Picking-Muster, die du kennen solltest.

Das erste besteht darin, die 2. Saite, die 3. Saite und dann die 1. Saite mit den Fingern zu spielen. Hier ist das Muster für einen E-Dur-Akkord.

Beispiel 4o

Wenn du dieses Muster im Griff hast, wende es auf alle anderen Akkorde an, die wir behandelt haben, und spiele die Akkordfolgen damit durch.

Als Nächstes lernst du die folgende Idee, die die Reihenfolge 3. Saite, 1. Saite, 2. Saite verwendet.

Beispiel 4p

Wende dieses Muster auf jeden Akkord und jede Progression an, die wir bisher behandelt haben.

Wenn du methodisch vorgehen willst, kannst du alle Fingerpicking-Variationen durcharbeiten, die ich oben *nicht* behandelt habe. Sie lassen sich auf dem Papier leicht herausfinden, und es gibt sechs Möglichkeiten. Ich liste hier die Reihenfolge auf, in der du die oberen drei Saiten spielen kannst, um dir einen Ausgangspunkt zu geben. Die beiden, die wir nicht studiert haben, sind kursiv geschrieben.

123, *132, 213*, 231, 312, 321

Diese Liste enthält natürlich keine Muster, bei denen dieselbe Saite zweimal gespielt wird, aber wenn du die obigen Ideen erst einmal im Griff hast, wirst du feststellen, dass es viel einfacher ist, mit allem klarzukommen, was dir vorgesetzt wird.

Die Fingerpicking-Patterns in diesem Kapitel sind nur der Beginn deiner Reise. Ich sage es noch einmal: Du musst alles langsam und sorgfältig lernen, sonst wirst du schnell an der nächsten Hürde scheitern. Das Ziel ist es, die Bewegungen der Zupfhand komplett zu verinnerlichen und unbewusst werden zu lassen, damit du dich darauf konzentrieren kannst, tolle Melodien und Akkorde mit deiner Greifhand zu spielen.

Herzlichen Glückwunsch! Du hast ein gutes Stück zurückgelegt. Im nächsten Kapitel werden wir uns einige fortgeschrittenere Picking-Muster ansehen, die auf der großartigen Arbeit aufbauen, die du bis hierher geleistet hast. Mache erst weiter, wenn du dich dazu bereit fühlst.

Kapitel Fünf: Fortgeschrittene Picking-Patterns

Willkommen zurück Thrill Seekers!

Bisher haben wir eine gewisse Unabhängigkeit zwischen Daumen und Fingern aufgebaut, einige Akkorde gelernt, entdeckt, wie man eine Bassline spielt, und einige groovige Fingerpicking-Ideen hinzugefügt. Jetzt ist es an der Zeit, auf diesen Erfolgen aufzubauen und noch mehr Kontrolle über die Zupfhand zu entwickeln.

In diesem Abschnitt werden wir einige kompliziertere Picking-Patterns entdecken, etwas Geschwindigkeit aufbauen und Synkopierung weiter erforschen.

Wir werden mit Synkopierung beginnen.

Wie du bereits gelernt hast, wird nicht alle Musik auf dem Beat gespielt - das wäre auch ziemlich langweilig! Oft werden Melodienoten zwischen den Beats gespielt und ganze Phrasen scheinen über den Puls des Songs zu schweben. Wenn du interessante Melodien oder etwas mit Swing-Feeling spielen willst, musst du lernen, die Melodienoten mit deinen Picking-Fingern zwischen den Beats zu platzieren, während du mit deinem Daumen ein gleichmäßiges Boom-Chick spielst.

Der beste Weg, damit zu beginnen, ist, ein Picking-Muster zu nehmen, das du bereits kennst und es leicht zu verändern, um einige der Noten *vorwegzunehmen*. Ich werde dir zeigen, was ich meine.

Frische dein Gedächtnis auf, indem du dir das gezupfte Arpeggio-Muster auf dem Beat noch einmal ansiehst.

Nun werden wir die letzten beiden gezupften Noten in Takt zwei um eine 1/8-Note *vorziehen*. Das heißt, wir spielen *einen halben Schlag früher*, während der Daumen seinen strengen Boom-Chick-Rhythmus beibehält. Das ist etwas schwieriger, als es klingt, also höre dir das Audio an und spiele dieses Beispiel sorgfältig durch.

Beispiel 5a

Am Anfang neigt der Daumen natürlicherweise dazu, sich mit den Fingern zu synchronisieren und zu kopieren, was sie tun. Es ist sehr wichtig, das zu vermeiden und zu versuchen, den Daumen in 1/4-Noten auf dem Beat zu halten. Wenn du feststellst, dass jenes trotzdem der Fall ist, spiele die Übung ganz langsam eine Note nach der anderen durch und konzentriere dich darauf, die letzten beiden Melodienoten *zwischen* die einzelnen Daumenanschläge fallen zu lassen.

Lerne dieses zweitaktige Muster mit den Akkorden E-Dur, A-Dur und B7, bevor du sie in der folgenden Sequenz kombinierst.

Beispiel 5b

Vergewissere dich, dass du dieses Muster mit allen Akkordfolgen spielen kannst, die wir bisher behandelt haben.

Der nächste Schritt in der Entwicklung des Fingerstyle besteht darin, *nur* den antizipierenden Rhythmus in Takt zwei zu isolieren und zu spielen. Mit anderen Worten: Wir spielen zwei Takte des synkopischen Rhythmus, ohne vorher die „gerade" Version zu spielen. Das erfordert ein wenig mehr Konzentration, ist aber gut für deine Picking-Kontrolle.

Beispiel 5c

Wende dieses Picking-Muster während deiner Übungszeit auf alle Akkorde und Progressionen an, die du kennst. Wenn du bereit bist, spiele nur einen Takt auf jedem Akkord.

Nun wiederholen wir den synkopischen Rhythmus, kehren aber die Richtung des Arpeggios um.

Jetzt wechseln wir die Akkorde und versuchen es erneut, wobei wir die Melodie in Takt zwei vorwegnehmen.

Beispiel 5d

Lerne diesen Rhythmus wie immer über E-Dur, A-Dur und B7 und kombiniere dann diese Akkorde, um die kurze Sequenz zu erstellen, mit der wir gearbeitet haben. Wenn du diese Sequenz spielen kannst, übertrage das vollständige zweitaktige Muster auf alle anderen Progressionen, die wir behandelt haben.

Mit zunehmender Sicherheit im Umgang mit diesem Muster verwendest du nur den zweiten synkopischen Takt jeder Progression und schließlich wirst du kurze Etüden wie diese in der Tonart C-Dur spielen können.

Beispiel 5e

Reduziere schließlich die Zeit, die für jeden Akkord aufgewendet wird, auf einen Takt, um die Koordination zwischen beiden Händen zu fördern.

Beispiel 5f

Achte auf Problemstellen und werde langsamer, wenn der Rhythmus beim Akkordwechsel unterbrochen wird. Zum Beispiel kann der Sprung vom G-Dur-Akkord zurück nach C-Dur zu Beginn einige Probleme bereiten. Verlangsame dein Metronom, bis du eine Geschwindigkeit gefunden hast, mit der du die Übung flüssig spielen kannst und steigere dann allmählich das Tempo.

Natürlich können wir auch alle anderen Fingerpicking-Variationen, die wir behandelt haben, synkopieren. Um Platz zu sparen, werde ich nur die ersten beiden Takte der Muster notieren. Ich überlasse es dir, die Schritte durchzuarbeiten, um sie auf alle Akkorde und Progressionen anzuwenden und sie auf eintaktige Phrasen zu reduzieren.

Beispiel 5g

Beispiel 5h

Beispiel 5i

Beispiel 5j

Mit diesen Übungen entwickelst du mehr Unabhängigkeit zwischen Daumen und Fingern. Jetzt, wo du dich an synkopische Muster gewöhnt hast, kannst du deine Zupfhand etwas schneller spielen!

Der schnellste Weg, die Geschwindigkeit zu erhöhen, ist, eine zusätzliche Note in ein bereits bekanntes Picking-Pattern zu schieben. Lass uns mit unserem Arbeitspferd-Pattern beginnen.

Zu Beginn werden wir lediglich einen zusätzlichen Anschlag auf der dritten Saite zwischen den Zählzeiten zwei und drei hinzufügen.

Beispiel 5k

Steigere die Geschwindigkeit von Beispiel 5k allmählich mit einem Metronom, bevor du fortfährst. Ziel ist es, 120 bpm zu erreichen. Wie immer kannst du dieses Picking-Muster auf andere Akkorde und Progressionen anwenden.

Wie du hören kannst, macht selbst das Hinzufügen einer einzigen zusätzlichen Note einen großen Unterschied im Klang der Musik, aber wir sollten hier noch nicht aufhören. Fügen wir noch ein paar weitere Noten hinzu.

Beispiel 5l

Auch hier erhöhen wir das Tempo des Beispiels allmählich und wenden es auf alle anderen Akkorde an.

Kehre nun zu der Liste der 1/4-Noten-Picking-Variationen zurück und versuche, schnellere Noten hinzuzufügen, wo immer du es für angebracht hältst. Denke daran, dass die verschiedenen Muster 123, 132, 213, 231, 312, 321 sind. Beginne damit, nur einen zusätzlichen Ton hinzuzufügen, und versuche, den Takt nach und nach zu füllen.

Du wirst solche Picking-Patterns nicht ständig verwenden, aber sie eignen sich hervorragend, um kreative Ideen zu entwickeln und die Geschicklichkeit der Zupfhand zu verbessern.

Eine gute Möglichkeit, interessante und einzigartige Fingerpicking-Muster zu kreieren, besteht darin, einen Takt eines schnelleren Musters mit einem Takt eines synkopierten Musters zu kombinieren, so wie hier.

Beispiel 5m

Ich bin mir sicher, dass du langsam merkst, dass du mit diesen Ideen eine Menge Spaß haben kannst und es nach oben wirklich keine Grenzen gibt! Wende alles, was du ausprobierst, auf alle Akkordfolgen an, die du kennst und arbeite mit einem Metronom, bis du alles schnell und sauber spielen kannst.

Wenn du nicht weiterkommst, kannst du zu den obigen Variationen zurückkehren und von dort aus weiterarbeiten. Aber wie wäre es, wenn wir mal direkt vom Meister lernen? Höre dir einige Songs von Chet Atkins an und versuche, seine Picking-Muster zu kopieren. Du wirst sehr schnell eine Menge lernen.

Das sind genug Übungen für den Moment. Im nächsten Teil werden wir entdecken, wie wir unserer Musik eine Melodie hinzufügen und ein paar Songs spielen können - alles mit der Boom-Chick-Bassline.

Kapitel Sechs: Vorbereitende Übungen zu den Songs

Wir sind nur noch einen Schritt davon entfernt, einige großartige Songs zu lernen. Bevor du dich in dieses Kapitel stürzt, solltest du sicherstellen, dass du mit allem, was wir bisher behandelt haben, vertraut bist.

In diesem Abschnitt werden wir uns eine Reihe von melodischen Übungen ansehen, die dir helfen werden, die Fähigkeiten und die Koordination zu entwickeln, die du benötigst, um Akkorde, Melodie und Bass musikalisch zu kombinieren. Hier lernst du einige Techniken, die du zum Spielen der nachfolgenden Songs brauchst. Der erste Schritt ist der *Hammer-On*.

Ein Hammer-On entsteht, wenn ein Finger auf der Greifhand auf das Griffbrett schlägt oder „hämmert", um eine Note zu erzeugen. Du kannst von einer gegriffenen Note zu einer anderen hämmern oder eine leere Saite anschlagen und dann auf eine gegriffene Note hämmern.

Beginne mit dem Erlernen dieser kurzen Sequenz von Hammer-Ons, die auf einem Am-Akkord basieren. Beachte, dass die erste Note vor dem ersten Schlag gespielt wird und die Hammer-On-Note auf dem ersten Schlag landet.

Beispiel 6a

Wenn du noch nie einen Hammer-On gespielt hast, wirst du diese Übung vielleicht als ziemlich schwierig empfinden. Du kannst deine Technik entwickeln, indem du zunächst die Noten einzeln anschlägst und dann nach und nach Hammer-Ons einführst.

Es ist wichtig, dass du die Noten mit den Fingerspitzen anschlägst, da du sonst versehentlich benachbarte Saiten treffen kannst oder die Note nicht sauber erklingt.

Konzentrieren wir uns auf die ersten beiden Noten der vorherigen Übung und führen wir die Boom-Chick-Bassline allmählich wieder ein.

Da die erste Note der Melodie kurz vor Beginn des Taktes (auf Schlag 4und) gespielt wird, ist es die zweite Note der Melodie, die auf dem Beat gespielt wird. Erinnerst du dich an unsere Regel, dass der Grundton immer auf dem ersten Schlag gespielt wird? Das bedeutet, dass die zweite Note der Phrase *genau zu dem Zeitpunkt* angeschlagen wird, an dem die offene A-Bassnote gespielt wird. Das mag sich selbstverständlich anhören, aber wenn du zum ersten Mal die perfekte Synchronisierung einer gezupften Bassnote mit einer gehämmerten Melodienote versuchst, ist das eine tückische Herausforderung.

Hier ist eine sehr kurze Übung, die dir helfen wird, diese Fähigkeit zu entwickeln.

Die Idee ist, die offene dritte Saite zu spielen, dann auf den zweiten Bund zu hämmern und gleichzeitig die offene A-Saite zu spielen. Spiele den Hammer-On anfangs mit dem Finger, der sich am stärksten anfühlt. Das wird wahrscheinlich dein zweiter Finger sein.

Beispiel 6b

Wenn du es geschafft hast, den Hammer-On mit der gegriffenen Bassnote zu synchronisieren, wiederhole Übung 6b, wobei du den Hammer-On nun mit dem dritten Finger ausführst.

Wenn sich das solide anfühlt, wiederhole Übung 6b, aber diesmal schlägst du mit dem zweiten Finger auf den 2. Bund der vierten Saite, als ob du die untere Note des Am-Akkords spielen würdest. Du hörst vielleicht etwas von der unteren Note, aber achte darauf, dass der Hammer-On auf der vierten Saite die stärkste Note ist.

Beispiel 6c

Der nächste Schritt ist die Erweiterung der Melodie um Noten auf der zweiten Saite. Beachte dabei: Zupfe nur die erste Note auf der zweiten Saite und hämmere mit dem ersten Finger auf den ersten Bund.

Beispiel 6d

Wenn du einen schönen, kräftigen Hammer-On auf den 1. Bund entwickelt hast, ist es an der Zeit, den Rest des Boom-Chick-Bassmusters hinzuzufügen. Gehe langsam vor, da du leicht den Rhythmus verlieren kannst, wenn du versuchst, die gezupften Bassnoten und die gehämmerten Melodienoten zu koordinieren.

Beispiel 6e

Die vorangegangene Übung ist für die meisten Menschen anfangs eine ziemliche Herausforderung. Es gibt eine Menge zu beachten und wenn du noch nie einen Hammer-On gespielt hast, musst du das vielleicht separat üben.

Die meisten Gitarristen mühen sich eine ganze Weile an der vorangegangenen Übung ab, und es kommt häufig vor, dass man im Melodieteil die Lautstärke verliert oder versehentlich zu viele Noten zupft, die eigentlich gehämmert werden sollten. Ich sage das zur Ermutigung, denn du bist nicht der Einzige, dem es so gehen könnte! Bleibe hartnäckig, denn diese Übung ist ein großartiges Training für deine Unabhängigkeit und wird deinem Gehirn ein paar neue Tricks beibringen.

Als Nächstes fügen wir der Melodie ein paar zusätzliche Noten hinzu. Ich möchte, dass du die gehämmerte Melodielinie auf der B-Saite hinzufügst und die Phrase auf der offenen E-Saite beendest. Sie ist unten zusammen mit der Bassline notiert, aber du solltest die Melodie isolieren und als Erstes lernen.

Es ist hilfreich, anfangs jede Note anzuschlagen, aber sobald du die Linie spielen kannst, gehst du zu den Hammer-Ons zurück, da du nur die erste Note auf jeder Saite anschlagen sollst!

Wenn du so weit bist und die Hammer-Ons ein gutes Volumen haben, füge die Basslinie wieder hinzu. Vielleicht hilft es dir, Beispiel 6e ein paar Mal zu loopen, bevor du die Melodie um die darunter liegenden Noten erweiterst.

Beispiel 6f

Wenn du die vorangegangene Übung selbstbewusst spielen kannst, überprüfe kurz, ob alle musikalischen Komponenten vorhanden sind:

- Du solltest die Basssaiten mit dem Handballen deiner Zupfhand dämpfen.

- Du solltest eine grundsolide Bassline spielen

- Die Melodie sollte stark sein und deutlich erklingen

- Alles sollte sich natürlich anfühlen und unbewusst ablaufen

Hier sind ein paar weitere Legato-Melodien, die du über verschiedene Akkorde lernen kannst. Denke daran, dass du bei jedem Akkord nur die erste Note anschlägst. Zerlege diese Beispiele in ihre Einzelteile und lerne sie genauso wie die A-Moll-Melodie.

Beispiel 6g

Beispiel 6h

Beispiel 6i

Genau wie beim Lernen von Songs musst du nun damit beginnen, diese Melodien und Basslines als einzelne Einheiten zu lernen, Schlag für Schlag. Wenn wir verzierte Passagen wie diese spielen, können wir die Teile nicht mehr trennen, sie einzeln lernen und dann kombinieren, wie wir es ganz am Anfang getan haben. Das war in Ordnung, als wir noch sehr einfache Patterns spielten, aber jetzt muss die ganze Passage als Einheit gelernt werden, was bedeutet, dass wir sehr langsam vorgehen und uns auf jede einzelne Bewegung konzentrieren müssen, die über dem jeweiligen Schlag auftritt.

Wir haben uns einige aufsteigende Melodien mit Hammer-Ons angesehen, jetzt wollen wir uns einige absteigende Melodien mit Pull-Offs vornehmen.

Wie du vielleicht schon erraten hast, ist ein Pull-Off das Gegenteil eines Hammer-On und wird gespielt, indem du deinen Finger von einer höheren, gegriffenen Note zu einer tieferen abziehst. Die tiefere Note kann entweder gegriffen oder eine leere Saite sein.

Lege den zweiten Finger auf den zweiten Bund der dritten Saite. Greife die Note und ziehe dann den Finger sanft von der Saite in Richtung Boden. Wenn du es richtig gemacht hast, solltest du hören, wie der Finger die Saite „zupft", genau wie ein Plektrum.

Beispiel 6j

Lerne diese Melodie, die auf einem A-Moll-Akkord basiert.

Beispiel 6k

Wie bei den Hammer-On-Übungen wird die erste Note der Melodie kurz vor Beginn des Taktes (auf Schlag 4und) gespielt, so dass die zweite Note mit der ersten mit dem Daumen angeschlagenen Bassnote auf der A-Saite synchronisiert wird. Wir müssen genau dann zur zweiten Note der Phrase das Pull-Off spielen, wenn der Daumen die fünfte Saite anschlägt. Glaube mir, das ist ziemlich schwierig und erfordert wahrscheinlich eine Menge Übung.

Im folgenden Beispiel greifst du die erste Note (F) und ziehst sie dann zur offenen E-Saite ab. Spiele die erste Bassnote auf der offenen A-Saite mit deinem Daumen, synchron zur offenen hohen E-Saite. Wenn du willst, kannst du den zweiten Finger benutzen, um den 2. Bund der vierten Saite gegriffen zu halten, auch wenn du ihn in diesem Beispiel nicht benutzen wirst.

Beispiel 6l

Die vorangegangene Idee sieht auf dem Papier einfach aus, hat aber seine Tücken. Habe Geduld und mache erst weiter, sobald du beide Melodienoten sauber und mit gleicher Lautstärke spielen können.

Im nächsten Beispiel wird die E-Note auf dem 2. Bund, vierte Saite, verwendet. Du wirst feststellen, dass sie Teil des A-Moll-Akkords und die zweite Note im Boom-Chick Rhythmus ist. Hast du bemerkt, dass ich dich nicht aufgefordert habe, den *ganzen* A-Moll-Akkord zu greifen? Im Moment brauchen wir nur diese Note auf der vierten Saite.

Hier spielst du die ersten beiden Noten der Melodie und fügst die volle Boom-Chick-Bassline für A-Moll hinzu. Achte darauf, dass du in der Melodie immer ein Pull-Off verwendest. Man vergisst das leicht und schlägt stattdessen beide Noten separat an.

Beispiel 6m

Wenn du das im Griff hast, fügen wir die letzten beiden Noten der Melodie hinzu. Der Pull-Off auf der zweiten Saite ist anfangs wahrscheinlich eine ziemliche Herausforderung für dich. Man verliert leicht an Volumen, wenn man mit dem vierten Finger abzieht, aber wenn man dranbleibt, wird er nach und nach stärker. Übe den Pull-Off bei Bedarf isoliert, bevor du ihn wieder in die ganze Phrase einbaust.

Beispiel 6n

Um dich noch ein bisschen weiter zu pushen, hier eine einfache Möglichkeit, die A-Moll-Melodie zu erweitern.

Beispiel 6o

Diese Beispiele sind schwierig, weil die Synchronisierung eines Hammer-On oder Pull-Off mit einer gezupften Note auf einer anderen Saite für die meisten Spieler eine ungewöhnliche Bewegung ist. Diese Bewegungen sind jedoch ein grundlegender Teil des Fingerstyle-Gitarrenspiels, also musst du dich daran gewöhnen. Ich verspreche dir, dass sie leichter werden, aber du musst vielleicht einige Hammer-On- und Pull-Off-Techniken isoliert üben, um diese Fähigkeiten unabhängig zu entwickeln, besonders wenn du gerade erst anfängst.

Die folgenden Ideen werden dir helfen, die Unabhängigkeit der Finger mit Pull-Off-Melodien auf verschiedenen Akkorden zu verbessern. Wie bei allem in diesem Buch solltest du deine eigenen Ideen erforschen, sie dir zu eigen machen und Spaß dabei haben. Wenn du diese wichtige Technik erst einmal gemeistert hast, wirst du feststellen, dass alles, was du in Zukunft tust, viel einfacher wird.

Beispiel 6p

Beispiel 6q

Beispiel 6r

Wir haben es geschafft! Herzlichen Glückwunsch zum Durcharbeiten dieses schwierigen Abschnitts. Es kann Stunden, Tage oder sogar Wochen dauern, bis du die Übungen gemeistert hast, aber wie auch immer dein Zeitplan aussieht, mache dir keine Sorgen! Ich weiß, dass du es kaum erwarten kannst, ein paar Songs zu spielen, aber wenn du diese grundlegenden Techniken erst einmal beherrschst, werden sie viel leichter zu bewältigen sein. Nimm diese Übungen ernst, aber nimm dir gerne auch Zeit, um dir diese wichtigen Fähigkeiten anzueignen.

Wenn du bereit bist, können wir nach all dieser Vorbereitung in die Praxis übergehen. Es ist an der Zeit, ein paar Songs zu lernen!

Kapitel Sieben: Songs lernen

Nehmen wir uns einen Moment Zeit, um zu würdigen, wie weit du es bereits gebracht hast.

- Du hast damit begonnen, eine einfache Boom-Chick-Bassline mit dem Daumen zu spielen, dann hast du Akkorde hinzugefügt und sie auf und neben dem Beat gespielt.

- Als nächstes hast du dein Fingerpicking mit Arpeggios weiterentwickelt und gelernt, sie zu synkopieren.

- Dann hast du entdeckt, wie du fortgeschrittenere Muster spielen kannst, während du Geschwindigkeit und Komplexität aufgebaut hast.

- Im vorigen Kapitel hast du die Legato-Techniken gelernt, mit denen du Melodien zu Akkorden hinzufügen kannst und dann alles mit der wichtigen Boom-Chick-Bassline synchronisiert.

Du hast nun einen weiten Weg zurückgelegt und du solltest stolz auf deine Fortschritte sein. Wenn es etwas gibt, bei dem du dir nicht hundertprozentig sicher bist, blättere zurück und kläre es, bevor du dich in dieses Kapitel stürzt. Du musst dafür wirklich topfit sein!

In diesem Kapitel werden wir all die Fähigkeiten, die du gelernt hast, zu einigen interessanten Songs kombinieren. Wenn du diese kurzen Arrangements gemeistert hast, wirst du bald große Erfolgserlebnisse haben und tolle Stücke für Freunde und Familie sowie mit anderen Musikern spielen können.

Zunächst möchte ich jedoch einige Ratschläge geben, wie man beim Lernen von Songs vorgehen sollte. Sie sind das, was für mich als Gitarrist über viele Jahre hinweg immer funktioniert hat.

Gehe zunächst ganz langsam vor und lerne *alles* auswendig - jede Note, jede Phrase, jede Position auf der Gitarre.

Denke daran, dass du bei schwierigeren Arrangements nicht mehr die Bassline und die Melodie einzeln lernen kannst, um sie dann zu kombinieren. Stattdessen musst du sie zusammen lernen, Note für Note, Takt für Takt, und verstehen, wie sie zusammenspielen.

Ich kann keine Noten lesen, also habe ich immer alles nach Gehör gelernt. Ich lerne Lieder, indem ich sie auswendig lerne. Ich fange damit an, alles Note für Note zu lernen und setze dann Phrasen und Abschnitte zusammen, bis alles zusammenpasst. Das ist eine großartige Art zu lernen, weil es gründlich und sorgfältig ist. So lernt man, *Musik* zu spielen und zu wissen, dass jeder Teil des Songs korrekt ist. Auch wenn du gut im Notenlesen bist, empfehle ich dir, diese Melodien auswendig zu lernen, damit du weniger an die Pünktchen und mehr an die Musik denkst.

Lernen durch Wiederholung bedeutet, dass man die Spielmechanik des Stücks vergessen und sich ganz auf die Musik konzentrieren kann, um wirklich in sie einzutauchen. Wenn sich alles zu einem stimmigen Ganzen fügt, sind das die Momente, für die wir als Musiker leben.

The Beginner's Blues

Der erste Song, den du lernen wirst, ist *The Beginner's Blues*. Ich habe ihn speziell für dich geschrieben, weil ich dir etwas beibringen wollte, das Spaß macht, machbar ist, aber dennoch eine kleine Herausforderung darstellt. Er kombiniert die Boom-Chick-Bassline mit den Akkorden, die du bereits in der Tonart E-Dur kennengelernt hast, fügt aber eine Legato-Melodie und ein paar Synkopen hinzu.

Wie du auf dem Audiobeispiel hören kannst, hat dieses Stück einen Swing-Groove, aber wenn du es durcharbeitest, schlage ich vor, dass du jeden Abschnitt zunächst gerade spielst, um die Mechanik richtig hinzubekommen, und den Swing später hinzufügst. Vielleicht möchtest du auch damit beginnen, jede Melodienote mit den Fingern zu zupfen, bevor du später die Pull-Offs hinzufügst.

Hier sind einige weitere Tipps:

Takte 1-2:

Halte den E-Dur-Akkord gegriffen und stelle sicher, dass du den Boom-Chick-Rhythmus gut spielen kannst. Als Nächstes füge den Hammer-On zum ersten Schlag des Taktes hinzu, von der offenen dritten Saite zum ersten Bund. Diese Bewegung ist in der Blues- und Country-Musik sehr verbreitet.

Wenn du die dritte Saite mit dem Hammer-On spielen kannst, höre du auf, sie zu spielen und kehre zum Boom Chick auf dem E-Dur-Akkord zurück. Jetzt ist es an der Zeit, den Hauptmelodieteil auf den oberen beiden Saiten zu lernen. Wichtig ist, dass du dich darauf konzentrierst, wo die Bassline mit der Melodienote übereinstimmt. Beachte, dass die Boom-Chick-Bassnote immer mit einer offenen Saite in der Melodie auf den ersten beiden Zählzeiten synchronisiert wird. Wie bei den Legato-Übungen, die wir durchgespielt haben, erfolgt der Pull-Off zu einer leeren Saite genau dann, wenn du die Bassnote mit dem Daumen anschlägst. Achte darauf, dass die Bassnote genau dann gespielt wird, wenn die leere Saite erklingt.

Wenn du den Boom-Chick-Rhythmus mit der Melodie spielen kannst, führe den anfänglichen Hammer-On wieder ein und beginne, etwas Swing hinzuzufügen.

Takte 3-4:

Die Melodie wird über einem A7-Akkord wiederholt, bevor der E-Dur-Takt wiederholt wird.

Takt 5:

Dies ist der Beginn des Turnarounds, gespielt über einem B7-Akkord. Die einzige neue Bewegung ist ein kleiner Slide vom 2. zum 3. Bund auf der ersten Saite, gespielt mit dem kleinen Finger. Beachte, dass ich hier aufhöre, den Boom-Chick-Rhythmus zu spielen und nur das F# im Bass spiele.

Takt 6:

Dies ist ein gängiges Turnaround-Lick, das du kennen solltest. Es beginnt am fünften Bund auf der fünften Saite und die gesamte Form bewegt sich in Halbtönen zurück nach E-Dur.

Arbeite nun die Tabulatur/Notation durch und siehe, wie gut du vorankommst.

Beispiel 7a - The Beginner's Blues

Buffalo Gals

Buffalo Gals ist ein Cowboy-Lagerfeuerlied im Country-Stil, das 1844 von John Hodges geschrieben wurde. Der Song wurde 1943 im Bing-Crosby-Film *Dixie* verwendet und spielt eine wichtige Rolle im Film *It's a Wonderful Life* von 1948. *Buffalo Gals* eignet sich hervorragend, um das Fingerpicking zu trainieren, und stellt ein paar neue Techniken vor, die ich dir zeigen möchte, bevor wir uns dem ganzen Song widmen.

Das folgende Beispiel 7b bewegt sich zwischen den Akkorden G-Dur und D7 (obwohl das D7 mit einem F# im Bass gespielt wird, wie wir bereits gesehen haben).

Als Erstes möchte ich darauf hinweisen, dass sich der Boom-Chick-Bass leicht verändert hat. In *Buffalo Gals* wird der Bass nur auf der sechsten und vierten Saite gespielt - auf der fünften Saite gibt es keine Note.

Im sechsten Kapitel haben wir viele Übungen behandelt, bei denen du gelernt hast, wie man einen Pull-Off spielt, der auf dem Off-Beat beginnt und auf dem Beat landet. In *Buffalo Gals* wird dieses Muster bei den ersten beiden Noten umgekehrt, so dass die höhere (gegriffene) Note auf dem Beat gespielt wird.

Bei dieser Übung gibt es vier weitere schwierige Teile. Wir werden sie uns nacheinander anschauen und die besten Lösungen finden.

Der erste ist die Kontrolle der Pull-Offs mit dem vierten und dritten Finger, während man den G-Dur-Akkord hält. Dies wird einfacher, wenn du erkennst, dass du nur den *Grundton* auf der sechsten Saite gedrückt halten musst, um den vollen G-Akkord zu spielen.

Als nächstes kann der Übergang zwischen G und D7/F# knifflig sein. Um von G-Dur nach D7/F# zu wechseln, ist es am einfachsten, den zweiten Finger (der die Bassnote spielt) einen Bund nach unten zu schieben und den ersten Finger hinzuzufügen, um den ersten Bund auf der zweiten Saite zu spielen. Auf der dritten Saite musst du keinen Bund greifen.

Die dritte Herausforderung besteht darin, mit dem kleinen Finger den Pull-Off vom dritten zum ersten Bund des D7/F# zu spielen. Das Problem dabei ist, dass sich der kleine Finger einfach ein wenig deplatziert anfühlt, und die Bewegung vom vierten zum ersten Bund ist ungewöhnlich. Doch keine Sorge, wenn es sich anfangs seltsam und unkontrolliert anfühlt, es wird sich mit der Zeit und durch Wiederholungen verbessern.

Schließlich werden die Pull-Offs hier rhythmisch *gepusht* (den Beat vorwegnehmend), um ein stark synkopiertes Gefühl zu erzeugen. Ich schlage vor, dass du das Ganze gerade lernst und dann allmählich die Menge des „Push" erhöhst. Höre dir das Audiobeispiel genau an, um zu sehen, was ich meine.

Gehen das Beispiel 7b ganz langsam durch und setze es Takt für Takt zusammen.

Beispiel 7b

Wenn du die vorherige Übung sicher beherrschst, solltest du kaum Probleme haben, *Buffalo Gals* zu spielen. Die größte Herausforderung besteht darin, die Melodiesaiten zum Klingen zu bringen, wenn du die Akkorde im Bass wechselst.

Takte 1-2:

Halten mit deinem zweiten Finger die Bassnote G gedrückt. Verwende den ersten und zweiten Finger, um die Melodie auf den oberen Saiten zu spielen, während dein Daumen für die Bassline zuständig ist.

Takte 3-4:

In Takt 3 gleitest du mit dem zweiten Finger einen Bund nach unten, um den Grundton des D#/F7-Akkords zu spielen. Denke daran, dass du die Note auf der dritten Saite nicht greifen musst. Benutze den vierten und den ersten Finger, um den Pull-Off auf der zweiten Saite zu spielen. Takt 4 ist ähnlich wie Takt 2.

Takte 5-8:

Diese sind identisch mit den Takten 1-4, mit einer leichten Änderung der Melodie in den Takten 7-8.

Takte 9-10:

Im zweiten Teil hebt die Melodie an und wird zu einer absteigenden Idee auf der ersten Saite. Verwende den vierten und ersten Finger, um die ersten beiden Noten zu spielen, und alles sollte sich von selbst ergeben. Übe, diese Noten zu zupfen und Pull-Offs zu verwenden, wo du kannst, und verwende dann, was immer du bevorzugst.

Takte 11-12:

Auf dem D7/F# ist die Melodie ähnlich wie im ersten Abschnitt, so dass du auch hier den vierten und ersten Finger für das Pull-Off verwenden solltest.

Takte 13-16:

Diese vier Takte sind fast eine direkte Wiederholung der vorangegangenen vier Takte mit einer leichten Änderung in der Melodie zum Abschluss.

Und das ist alles! Ein paar neue Techniken und ein toller Song, der dein Spiel schnell verbessern wird. Probiere jetzt das komplette Stück aus.

Beispiel 7c - Buffalo Gals

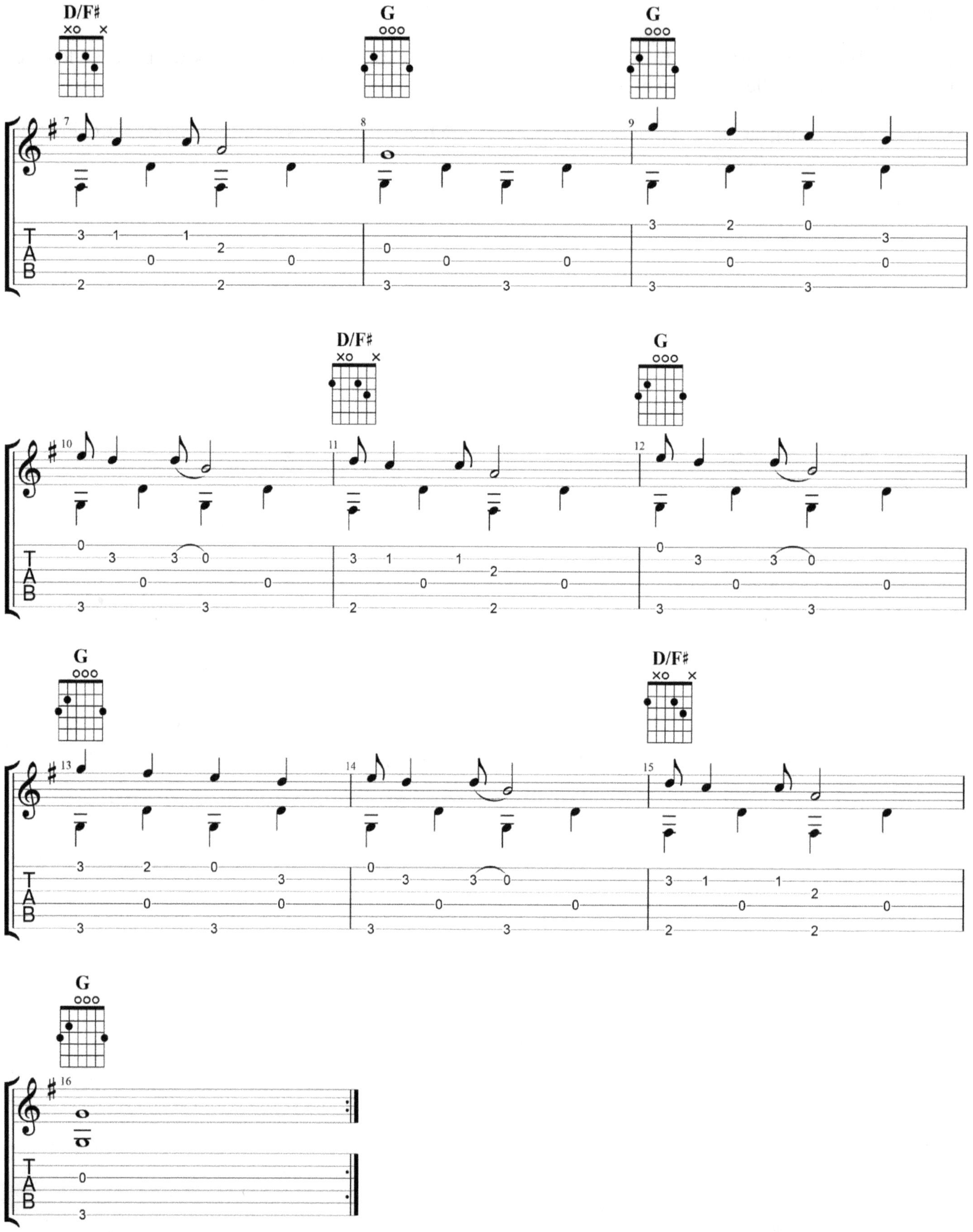
D/F♯
G
G
D/F♯
G
G
D/F♯
G

Creole Belle

Zum Abschluss unserer Fingerstyle-Reise möchte ich dir ein wunderbares kleines Stück namens *Creole Belle* zeigen. Ich glaube, ich habe es zum ersten Mal vom großen Doc Watson gehört, und ich habe es sofort geliebt. Es ist ein sehr einfaches Lied, aber man kann eine Menge damit machen.

Während die meisten von uns *My Creole Belle* mit Mississippi John Hurt in Verbindung bringen, ist seine Version eigentlich eine Coverversion des Songs von George Sidney und J. Bodewalt Lampe aus dem Jahr 1900. Es ist ein schöner Song und eine großartige Möglichkeit, dein Fingerstyle-Gitarrenspiel zu verbessern.

In diesem Song kommt ein Kapodaster zum Einsatz, der ein unverzichtbarer Bestandteil meiner Ausrüstung ist.

Wie du wahrscheinlich weißt, heben Kapodaster die Tonhöhe der gesamten Gitarre an, um das Spielen in verschiedenen Tonarten zu erleichtern, aber sie haben noch einen weiteren Vorteil. Je höher die Bünde auf dem Gitarrenhals liegen, desto kleiner werden die Abstände zwischen ihnen. Wenn wir ein Stück weiter oben auf dem Hals spielen, müssen wir uns oft nicht so weit strecken, um die Melodietöne zu erreichen, und der ganze Song wird leichter spielbar. Bei *Creole Belle* setze ich meinen Kapodaster auf den 4. Bund. Das bedeutet, dass der erste Akkord, den ich spiele, zwar wie C-Dur aussieht, das Lied aber in Wirklichkeit in der Tonart E-Dur steht.

Dies ist der erste Song, bei dem der kleine Finger ein wenig gestreckt werden muss, während ein voller Akkord gehalten wird. Das ist eine wichtige Technik, die sich anfangs aber recht schwierig anfühlen kann. Aus diesem Grund habe ich hier einige kurze Etüden eingefügt, mit denen du lernst, Akkorde zu greifen, eine Boom-Chick-Bassline zu spielen und deinen kleinen Finger zu strecken, um eine schwer zu erreichende Melodienote zu spielen.

Sei gewarnt, denn diese Etüden könnten etwas schwieriger sein als der eigentliche Song! Aber keine Panik, du kannst später darauf zurückkommen, wenn du nicht auf Anhieb alle Etüden schaffst.

In Beispiel 7d ist die erste Position ein D6-Akkord mit Barré. Der Barré des ersten Fingers erstreckt sich auf die 6. Saite, so dass er zwei Noten in der Bassline übernehmen kann. Stelle sicher, dass du die Boom-Chick-Bassline sauber spielen kannst, bevor du die Melodie hinzufügst.

Die Melodie wird mit dem kleinen Finger gespielt, der sich zunächst bis zum 10. Bund streckt und dann zum 9. Bund hinuntergleitet. Das ist nicht nur eine große Dehnung, sondern es könnte auch deine Hand aus der Position ziehen und den Rest des Akkords zum Schnarren bringen. Gehe langsam vor und lasse dich anfangs nicht aus der Ruhe bringen. Komme im Laufe der Zeit immer wieder zu dieser Etüde zurück, und sie wird immer einfacher werden.

Dies ist die schwierigste Stelle in der Etüde, aber lasse dich nicht von ihr aufhalten. Du kannst sie auch weglassen und zum G-Dur-Akkord übergehen.

Beachte beim G-Dur-Akkord, dass ich die Note auf der A-Saite nicht spiele oder greife und dass ich das Boom-Chick-Muster so verändere, dass ich nur zwischen der sechsten und vierten Saite hin und her wechsle. Dies ist ein kleiner Geheimtrick, den ich ständig anwende und der es mir ermöglicht, kompliziertere Melodien zu spielen. Er hilft mir sehr, die hohe Note in der Melodie zu erreichen.

Beim A-Akkord verwende ich einen Mini-Barré, der nur auf den oberen vier Saiten gespielt wird. Die fünfte und sechste Saite sind offen, und ich benutze sie für die Bassline. Das macht es wiederum viel einfacher, das hohe C# zu erreichen. Gehe langsam durch diese Etüde und lerne sie Beat für Beat.

Beispiel 7d

Eine weitere Technik, auf die du achten solltest, ist, dass ich die Bassnoten von *Creole Belle* spiele, indem ich meinen Daumen über den Gitarrenhals lege. Hier ist eine Übung, die dir helfen soll, dich daran zu gewöhnen.

Es ist gar nicht so schwer, man muss nur die Bassnote mit dem Daumen greifen und mit den übrigen Fingern den Akkord bilden.

Beispiel 7e

Hier ist eine etwas stärker synkopierte Version der vorherigen Übung, um die Unabhängigkeit der Finger zu verbessern.

Nach diesen Vorbemerkungen ist es nun an der Zeit, sich dem Song zu widmen.

Takte 1-2:

Nach der Einleitungsmelodie folgen zwei Takte F-Dur. Ich benutze meinen Daumen, um den Grundton zu spielen, und wende meinen alten Trick an, die fünfte und vierte Saite mit dem dritten Finger zu greifen. So kann ich die Boom-Chick-Basslines auf den unteren drei Saiten spielen. Wenn dir das nicht gelingt, kannst du auch nur die vierte Saite greifen und die Bassline so anpassen, dass nur die sechste und vierte Saite verwendet werden.

Es besteht eine große Versuchung, die Melodie im zweiten Takt mit dem Daumen zu spielen. Dem muss man widerstehen und darauf achten, dass man sie mit den Fingern zupft. Ich benutze meinen ersten und vierten Finger, um die Noten zu greifen.

Takte 3-4:

Die Melodie setzt sich über zwei Takte C-Dur fort. Auch hier verwendest du den ersten Finger und den kleinen Finger, um die Melodie zu greifen. Die erste Melodienote des C-Akkords wird auf der offenen dritten Saite gespielt, und auch hier ist die Versuchung groß, sie mit dem Daumen zu spielen. Lass das! Achte darauf, dass der Daumen das Boom-Chick spielt und die Zupffinger sich um die einzelnen Melodienoten kümmern.

Die letzte Note der Melodie wird mit einem leichten Bend mit dem kleinen Finger auf der vierten Saite gespielt. Es ist eine echte Herausforderung, die Bassline hier am Laufen zu halten, aber bleibe hartnäckig, dann schaffst du es!

Takte 5-6:

Beachte während der zwei Takte G-Dur, dass das Boom-Chick jetzt nur noch auf der sechsten und vierten Saite gespielt wird, so dass du den Rest des G-Dur-Akkords nicht gegriffen halten musst. Auf Schlag drei von Takt sechs verschiebt der schnellere Rhythmus die letzte Melodienote, so dass sie synkopiert gespielt wird.

Takte 7-8:

Wir gehen einen Takt lang zu C-Dur über, bevor wir in Takt acht zu C9 wechseln. Dies ist ein schwieriger Fingersatz, da der zweite Finger die beiden Basstöne auf den unteren zwei Saiten übernehmen muss. Hier werden die früheren Übungen nützlich sein, da man den kleinen Finger strecken muss, um die höchste Note des Songs zu erreichen. Auch hier ist es schwierig, dies mit dem Boom Chick zu koordinieren, gehe also langsam vor und lerne Takt für Takt.

Takte 9-12:

Die zweiten acht Takte sind fast eine direkte Wiederholung der ersten, mit ein paar Änderungen der Melodie. Wenn du den ersten Teil spielen kannst, solltest du hier keine Probleme haben.

Takte 13-14:

Es gibt einen kniffligen kleinen Moment beim C-Dur-Akkord in Takt 14, wo ich eine schnellere Phrase zwischen der offenen B-Saite und dem 3. Bund der G-Saite spiele. Wie immer geht es darum, die Phrase langsam durchzuarbeiten und die Melodie mit der Bassline zu synchronisieren. Wie ich bereits erwähnt habe, achte darauf, welche Melodienote sich mit der Basslinie synchronisiert und füge die anderen dazwischen ein.

Takte 15-16:

Diese werden ähnlich wie die Takte 7-8 gespielt, aber achte auf die Synkopen in Takt 15 und auf den letzten schnellen Akkordwechsel zwischen C-Dur und F-Dur in Takt 16.

Beispiel 7g - Creole Belle

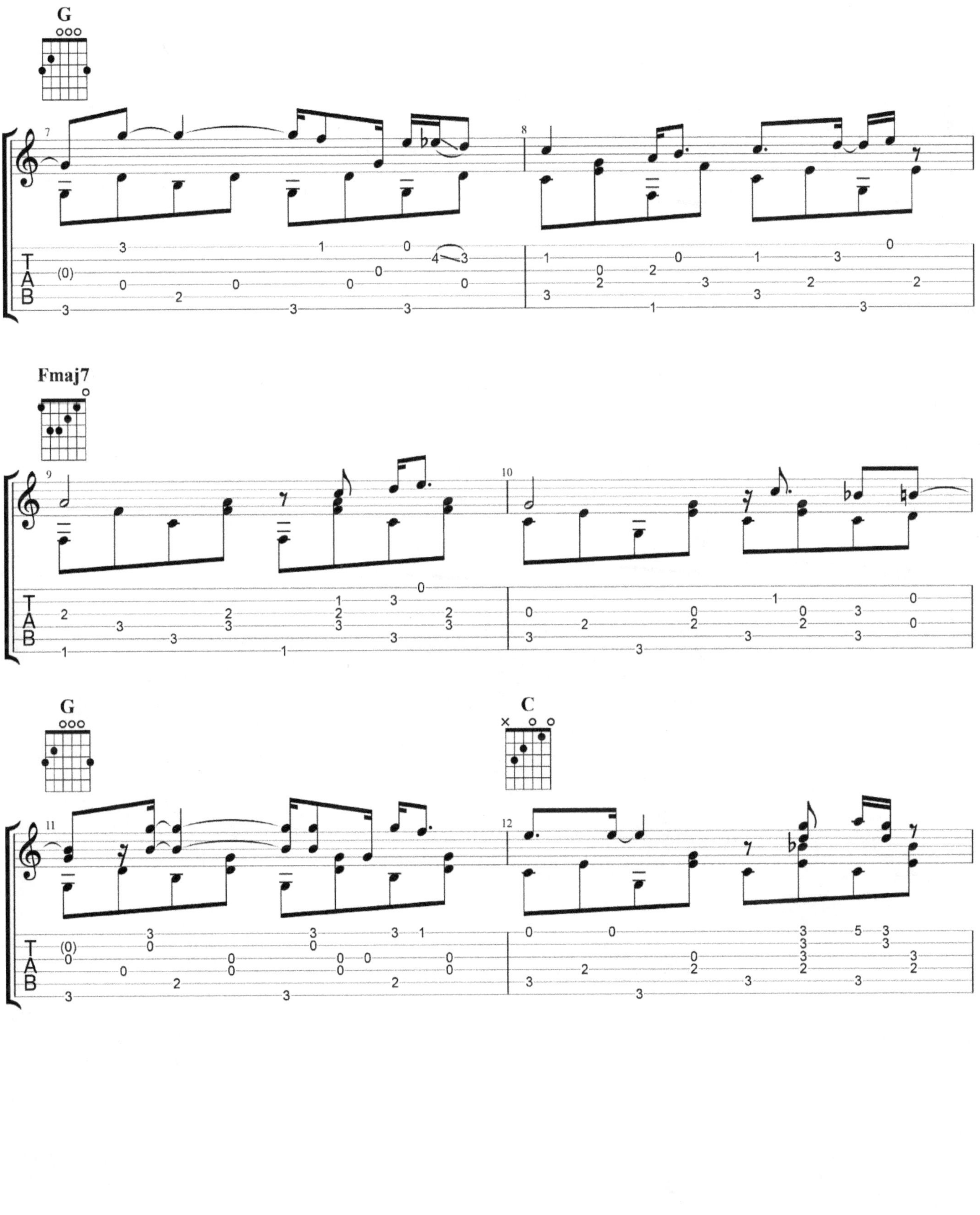
G
Fmaj7
G
C

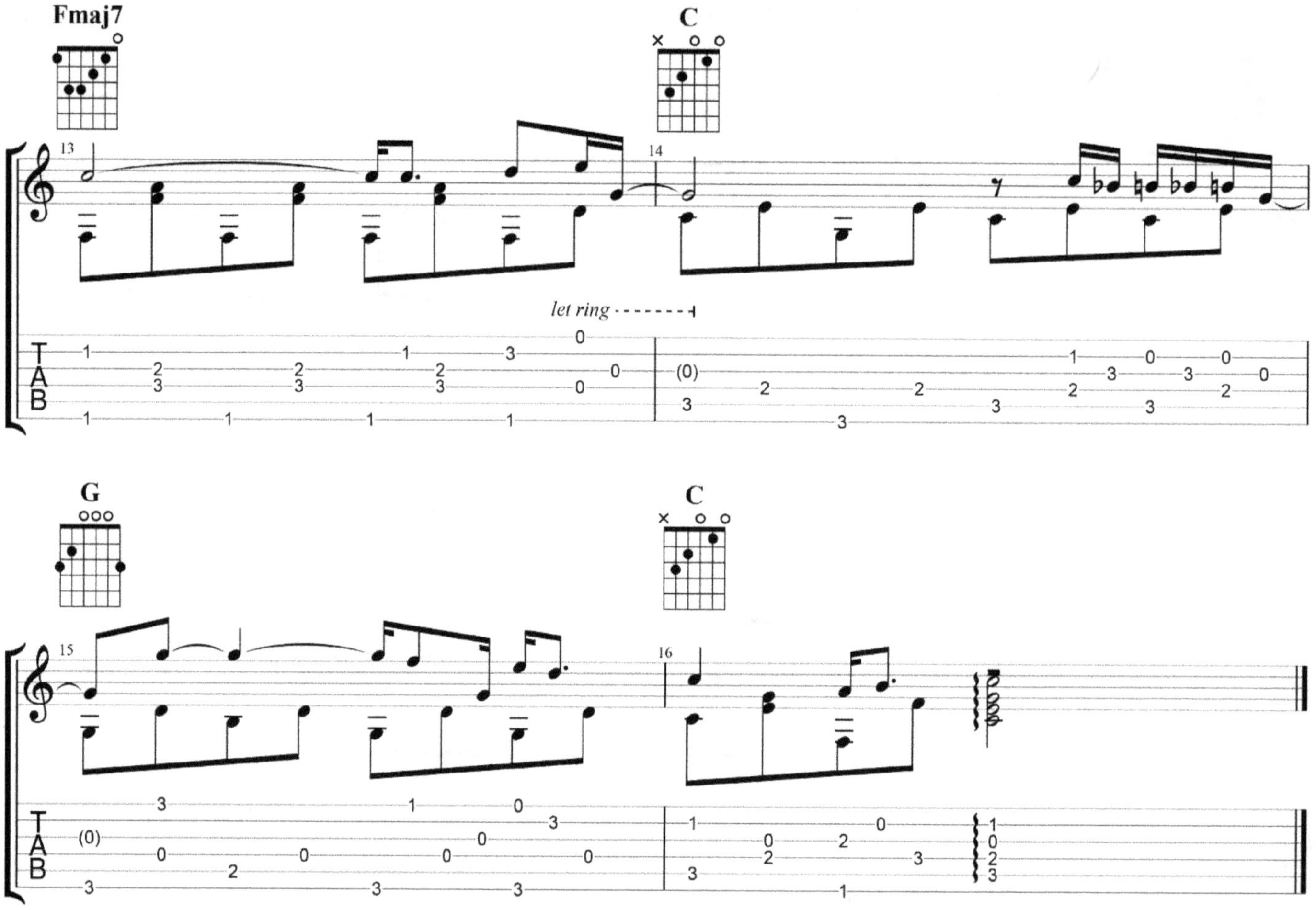
Fmaj7
C
let ring
G
C

Fazit und Schlusswort

Herzlichen Glückwunsch, Thrill Seekers, wir haben es geschafft!

In diesem Buch habe ich dir alle Fähigkeiten und Konzepte beigebracht, die du brauchst, um ein großartiger Fingerstyle-Gitarrist zu werden. Ich habe alles Stück für Stück auseinandergenommen und dann wieder zusammengefügt, um dir zu zeigen, wie du einige wunderbare Songs spielen kannst. Aber das ist nur der Anfang. Es liegt an dir, hungrig zu bleiben und nach der Musik zu suchen, die du lernen willst.

Wenn du einen Song in Angriff nimmst, solltest du ihn Takt für Takt durchgehen, ihn auswendig lernen und in nach und nach in dein Arsenal aufnehmen. Niemand wird das für dich tun können. Wenn du also Fortschritte machen willst, musst du dich selbst motivieren und disziplinieren, um vorwärts zu kommen. Das Erlernen der Fingerstyle-Gitarre macht eine Menge Spaß und ist äußerst befriedigend und ich verspreche dir, dass sich deine harte Arbeit auszahlen wird.

Ich möchte ein letztes Mal den Wert der *Wiederholung* hervorheben. Wiederholung ist nicht nur dein wichtigstes Werkzeug, um besser zu werden, sondern auch, um dir die Stücke zu merken. Du hast ein Gedächtnis in deinem Gehirn, aber du hast auch ein Gedächtnis in deinen Fingern und deinem Körper. Das Muskelgedächtnis muss *langsam* und *sorgfältig* programmiert werden. Wenn man es einmal entwickelt hat, wird man es nie wieder vergessen! Arbeite hart an der Wiederholung, das wird dir helfen, ein viel besserer Spieler zu werden.

Suche dir einen ruhigen Ort zum Üben. Du wirst jedes Musikstück Takt für Takt wiederholen und andere Leute wollen das vielleicht nicht hören! Nimm deine Gitarre mit in deinen Übungsraum und entwickle deine Fähigkeiten in einer ablenkungsfreien Umgebung. Es ist nicht nötig, vor anderen zu üben, aber sei bereit, für Verblüffung zu sorgen, wenn du aus deinem Übungsraum herauskommst!

Sei gründlich. Gehe die Übungen, Lieder und Techniken in diesem Buch noch einmal durch. Suche nach weiteren Liedern und Techniken. Nimm sie auseinander und wiederhole sie, bis sie in deinem Muskelgedächtnis sind und spiele dann los!

Es hat viel Spaß gemacht, dieses Buch zu schreiben, und ich hoffe, es hat dir die Geheimnisse der Fingerstyle-Gitarre ein wenig nähergebracht. Du bist wie ein freigelassenes Tier - die Tür des Käfigs wurde geöffnet und jetzt bist du draußen in der realen Welt! Du wirst viel Spaß dabei haben, mit den erlernten Fähigkeiten Arrangements deiner Lieblingssongs zu erarbeiten.

Ich hoffe, wir sehen uns auf einem Gig irgendwo auf der endlosen Straße.

Pass auf dich auf und hab Spaß!

www.ingramcontent.com/pod-product-compliance
Lightning Source LLC
Chambersburg PA
CBHW081435090426

42740CB00017B/3308